Carpe Diem®

Herausgeber
Michael Reinartz

www.carpediem.com

Liebe Leserin, lieber Leser!

Von Beginn an war es unser Ziel, einen Beitrag zur Etablierung klarer und einheitlicher Qualitätsstandards für Wellness-Hotels zu leisten. Damit Sie als Gast sich darauf verlassen können, dass „Wellness" auch wirklich für Wohlfühlen im besten Sinne des Wortes steht.

Um seriöse Empfehlungen für ein Hotel abgeben zu können, muss sich dieses durch die Teilnahme an wiederkehrenden Ausschreibungen qualifizieren. Einmalige Zertifizierungen können diesen Anspruch nur teilweise erfüllen. Erstens ändern sich Erwartung und Anforderung der Gäste, zweitens können ausschließlich jährlich wiederkehrende „Mystery Checks" Aufschluss über den aktuellen Standard eines Hotels bieten. Nach wie vor halten wir wenig von „Rankings" oder Auflistungen Hunderter Wellness-Hotels (meist nicht oder nicht ausreichend seriös getestet), wenn man dann einigen (oft über 30%) konzedieren muss, keinesfalls empfehlenswert zu sein. Bewusst beschränken wir uns daher auf die 4- und 5-Sterne-Hotellerie.

Der 2004 von uns ins Leben gerufene „Carpe Diem Wellbeing Award" für die führenden Beauty-, Spa- und Wellness-Hotels kann als Einziger mit dem dafür eigens entwickelten **dualen Testverfahren** aufwarten (Testkriterien auf Seite 20). Nur das Zusammenspiel anonymer mehrtägiger Tests durch eine professionelle Test-Equipe UND Befragung der Hotelgäste kann ein bestmögliches Urteil und somit eine qualitätsorientierte Selektion gewährleisten.

Wie 2004 und 2005 luden wir erneut über 100 Hotels in Deutschland, der Schweiz, Österreich und Südtirol zur diesjährigen Ausschreibung ein. Von den Angemeldeten konnten sich immerhin 53 nach eingehenden Tests und repräsentativen Gästebefragungen für diese anspruchsvolle Auswahl qualifizieren. Stets bleiben für uns Kompetenz der Mitarbeiter, das Know-how bei Anwendungen sowie die Gastfreundlichkeit und Ausstattung oberste Maxime.

Wie sinnvoll dieser Weg ist, zeigt Prof. Dr. Felizitas Romeiß-Stracke mit ihren Anmerkungen zur „Wohlfühlwelt" und dem dezidierten Hinweis auf die Bedeutung der „Software". Im Beitrag „Wellbeing – wohin geht die Reise?" beleuchtet Mag. Stefan Spath anhand neuester Studien, was heute gerade noch aktuell ist und was in Zukunft gelten wird. Egal ob „Selfness" oder die „Zehn Schlüssel zum Glück", wie es der Guru der Alternativmedizin, Dr. Deepak Chopra, formuliert, der Weg zu sich selbst muss das Ziel, der Wellbeing-Urlaub kann nur ein Schritt auf dem Weg dorthin sein.

Ehrlicherweise bekennen wir uns dazu, dass jede Selektion, auch wenn sie so korrekt, transparent und neutral wie beim „Carpe Diem Wellbeing Award" und dem daraus resultierenden „Carpe Diem Wellbeing Guide" erfolgt, nur subjektiv sein kann. Dass dies nach bestem Wissen und Gewissen geschah, garantieren wir Ihnen – in der Hoffnung, dass Sie so zu Ihrem persönlichen Wohlfühlen = Wellbeing finden.

Oktober 2006   Prof. Michael Reinartz

Editorial		3
Impressum		6
EXPERTEN ZUM THEMA		**8–18**
Trendstudie „Wellbeing – wohin geht die Reise?"		8
Interview Prof. Dr. Felizitas Romeiß-Stracke „Auch die Bäuerin mit Heubadl kann Kompetenz ausstrahlen!"		12
Deepak Chopra „Zehn Schlüssel zum Glück"		16
Das Testverfahren		20
Carpe Diem Wellbeing-Hotels des Jahres		23
DEUTSCHLAND		**24–39**
Panorama Deutschland		24
BADEN-WÜRTTEMBERG		
Baden-Baden	Brenner's Park-Hotel & SPA	26
BAYERN		
Berchtesgaden	InterContinental Resort Berchtesgaden	32
Fischen im Allgäu	Parkhotel Burgmühle	34
Rottach-Egern	Seehotel Überfahrt Tegernsee	38
BRANDENBURG		
Bad Saarow	Sport & SPA Resort A-ROSA Scharmützelsee	28
RHEINLAND PFALZ		
Bad Sobernheim	BollAnt's im Park	30
SCHLESWIG-HOLSTEIN		
Lübeck-Travemünde	Grand SPA Resort A-ROSA Travemünde	36
SCHWEIZ		**40–77**
Panorama Schweiz		40
BERN		
Gstaad	Grand Hotel Bellevue	50
Gstaad-Schönried	Wellness & SPA Hotel Ermitage-Golf	52
Interlaken	Victoria-Jungfrau Grand Hotel & Spa	54
Lenk	Lenkerhof Alpine Resort	58
Merligen/Thunersee	Wellness & Spa Hotel Beatus	62
GRAUBÜNDEN		
Flims-Waldhaus	Hotel Adula	44
Flims-Waldhaus	Park Hotel Waldhaus	46
Ftan	Hotel Paradies	48
Samnaun	Wellness Hotel Chasa Montana	70
St. Moritz	Kulm Hotel	72
LUZERN		
Luzern	Palace Luzern	60
Vitznau	Park Hotel Vitznau	74
Weggis	Park Hotel Weggis	76
ST. GALLEN		
Bad Ragaz	Grand Hotel Hof Ragaz	42
WAADT		
Lausanne	Beau-Rivage Palace	56
Mont-Pèlerin	Le Mirador Kempinski	64
Montreux	Raffles Le Montreux Palace	66
WALLIS		
Saas-Fee	Ferienart Resort & Spa	68

ÖSTERREICH 78–127

Panorama Österreich		78
BURGENLAND		
Pamhagen	VILA VITA Hotel und Feriendorf Pannonia	108
Stegersbach	Balance Resort Stegersbach	124
KÄRNTEN		
Pörtschach/Wörthersee	Hotel Schloss Seefels	110
Pörtschach/Wörthersee	Parkhotel Pörtschach	112
Warmbad-Villach	Hotel Warmbaderhof	126
NIEDERÖSTERREICH		
Baden bei Wien	Hotel Schloss Weikersdorf	80
OBERÖSTERREICH		
St. Wolfgang/Salzkammergut	Romantikhotel Im Weissen Rössl	118
SALZBURG		
Bad Gastein	Hoteldorf Grüner Baum	82
Bergheim	Hotel Gmachl	84
Fuschl am See	Ebner's Waldhof am See	88
Hof bei Salzburg	ArabellaSheraton Hotel Jagdhof	94
Hof bei Salzburg	Hotel Schloss Fuschl	96
Saalbach-Hinterglemm	Gartenhotel Theresia	114
Salzburg	Hotel Kobenzl	116
TIROL		
Ellmau	Hotel Kaiserhof	86
Gnadenwald	Alpen Hotel Speckbacher Hof	90
Haldensee	Hotel …liebes Rot-Flüh	92
Kirchberg in Tirol	Hotel Elisabeth	98
Kitzbühel	Grand SPA Resort A-ROSA Kitzbühel	100
Kitzbühel	Hotel Schwarzer Adler	102
Maurach	Wellness Residenz Alpenrose	104
Neustift im Stubaital	Sporthotel Neustift	106
Sölden	Central Spa Hotel	122
VORARLBERG		
Schruns	Genießerhotel Löwen	120

SÜDTIROL 128–137

Panorama Südtirol		128
BOZEN		
Dorf Tirol	Hotel Castel	130
Gsieser Tal	Hotel Quelle	132
Meran	Hotel Castel Fragsburg	134
St. Martin bei Meran	Sport & Wellness Resort Quellenhof	136

Das etwas andere Wellness-ABC	138
Wellbeing-Anwendungen im Detail	145
Wichtige Wellness-Adressen	164
Weitere Wellbeing-Hotels	166
Übersichtstabelle Wellbeing-Anwendungen	168

Bei der Zusammenstellung dieses Wellbeing Guide ließen wir größtmögliche Sorgfalt walten, trotzdem können Daten falsch oder überholt sein. Eine Haftung können wir auf keinen Fall übernehmen.

Impressum

Diese Edition stellt die erfolgreichen Teilnehmer des „Carpe Diem Wellbeing Award 2006" vor, für den sich 5- und 4-Sterne-Wellness-Hotels in Deutschland, der Schweiz, Österreich sowie Südtirol qualifizieren konnten. Die Qualifikation/Ausschreibung war an eine Teilnahmegebühr gebunden und wurde notariell überwacht. Die Ergebnisse unterliegen der Kontrolle eines Beirates:

Emanuel Berger, Delegierter des Verwaltungsrates, geschäftsführender Direktor Victoria-Jungfrau Collection (Victoria-Jungfrau Grand Hotel & Spa, Palace Luzern, Eden au Lac Zürich, Bellevue Palace, Bern)
Remigius H. J. Havlik, Managing Director (Parkhotel Laurin, Hotel Greif, Bozen)
Frank Marrenbach, geschäftsführender Direktor (Brenner's Park-Hotel & Spa, Baden-Baden)
Hans D. Turnovszky, Generaldirektor (Austria-Hotels International AG, Wien)
sowie **Hans Paischer,** Research & Quality Test, wissenschaftliche Leitung (Leiter Markt- und Meinungsforschung „Salzburger Nachrichten", Salzburg)
Dr. Werner Salentinig, öffentlicher Notar, Salzburg

Herausgeber: Prof. Michael Reinartz (michael.reinartz@carpediem.com)
Redaktion: Uschi Korda (Leitung), Mag. Marion Wildmann (Chefin vom Dienst), Luana Fonseca, Andreas Gröbl, Rhonda Koschitz, Mag. Vera Pink, Hadubrand Schreibershofen, Mag. Stefan Spath
Art-Direktion: Markus Nowak
Grafik: Alin Varvaroi
Lektorat: Billy Kirnbauer-Walek, Hans Fleißner
Fotos: Robert Gallagher/JBG Photo/Contrast, Susie Knoll, Carpe Diem bzw. Archive der Hotels
Illustrationen: Martin Udovicic
Lithographie: Clemens Ragotzky, Nenad Isailovic
Produktion: Michael Bergmeister
Anzeigen: Norbert Ebersberger, D-83454 Anger, Dorfplatz 21
Tel.: +49 (8656) 1020, Fax: +49 (8656) 1641, E-Mail: office@ebekom.net
Hersteller: Red Bulletin Verlags GmbH, Heinrich-Collin-Straße 1, A-1140 Wien, Tel.: +43 (1) 90220-0
Werknutzungsberechtigter: Carpe Diem GmbH & Co KG, A-5330 Fuschl am See, www.carpediem.com
Druck: sachsendruck GmbH, D-08525 Plauen

Auslieferung: Gault Millau Schweiz 2007 (Buchzentrum, CH-4601 Olten)
Gault Millau Österreich 2007 (Mohr Morawa, A-1230 Wien)
Gault Millau Deutschland 2007 (Christian Verlag, D-80799 München)

Alle Rechte vorbehalten. Ohne ausdrückliche schriftliche Genehmigung des Herausgebers ist es nicht gestattet, das Buch oder Auszüge zu kopieren, zu vervielfältigen oder für Eigenwerbung zu verwenden.

© 2006 G. Reinartz, A-5020 Salzburg/Carpe Diem GmbH & Co KG, A-5330 Fuschl am See

Die perfekte Kaffeelösung für Ihr Unternehmen

BUSINESS
COFFEE
SOLUTIONS

Wellbeing – wohin geht die Reise?

Eine Trendstudie beschäftigt sich mit der Zukunft des Ferienreisens – für die Wellbeing-Branche und ihre Kunden ergeben sich interessante Schlussfolgerungen.

Das Geschäft mit dem Wohlfühlen boomt: Deutsche gaben im Jahr 2005 geschätzte 73 Milliarden Euro für private Wellness-Anwendungen und -Produkte aus – ein Wachstum von 6 Prozent gegenüber dem Vorjahr[1]. In Österreich geht mittlerweile ein Zehntel der 120 Millionen Nächtigungen auf das Konto von Wellness-Tourismus[2]. Und schon seit Jahren ist die Rede vom Megatrend Gesundheit, der sich zu einem der stärksten Wirtschaftsmotoren der Zukunft entwickeln könnte.

Der Wellbeing-Branche und den erholungssuchenden Kunden scheinen also rosige Zeiten bevorzustehen. Doch das Bild benötigt etwas Tiefenschärfe. Dafür sorgt nun eine Studie des schweizerischen Gottlieb Duttweiler Instituts[3]. Um herauszufinden, wie sich die Werte, Wünsche und Verhaltensweisen der Ferienreisenden bis zum Jahr 2020 entwickeln, interviewten die Autoren zahlreiche Zukunftsforscher sowie Touristikexperten und untermauerten ihre Prognosen durch Marktanalysen, Fachliteratur und Onlinebefragungen. Die folgende Zusammenfassung beschränkt sich auf den Aspekt von Gesundheits- und Wellbeing-Ferien im Europa des Jahres 2020.

„Goldgrube" Gesundheitsferienmarkt

Dass im Gesundheitsferienmarkt ein enormes Potenzial steckt, liegt für die Autoren schon aus demografischen und medizinischen Gründen auf der Hand. „In einer alternden Gesellschaft steigt der Erholungs- und Regenerationsbedarf. Je älter wir werden, desto mehr Zeit brauchen wir, um uns von großen Anstrengungen oder Krankheiten zu erholen." Viele Menschen fühlen sich von Angeboten angesprochen, die positive Effekte auf die Gesundheit verheißen. Ferien werden damit auch zur „emotionalen Medizin". Die These: „Gesundheit wird in den kommenden Jahren die wichtigste Selling Proposition von immer mehr Ferienanbietern."

Gesundheit als Voraussetzung für Glück

In der Werteskala westlicher Industriegesellschaften nehmen Gesundheit und Wohlbefinden seit Jahren Topplätze ein. Warum ist das so? Grob vereinfacht lässt sich sagen: Wer gesund ist, dem gesteht man bessere Voraussetzungen zum Glücklichsein zu. Auch ist er oder sie attraktiver auf dem Arbeits- und Partnermarkt. Demgegenüber machen immer mehr Menschen die Erfahrung, dass steigender Wohlstand nicht automatisch zu mehr Glück, sondern im Gegenteil oft zu Überlastung, Stress und Depressionen führt. Während ein solcher materieller Lebensstil in Frage gestellt wird, werden immaterielle „Glücksbringer" wie Gesundheit, intakte Familien und Gemeinschaften, Moral und Religion wichtiger.

Wegweiser im Wellness-Dschungel

Zwar steigt das Bewusstsein um den Wert der Gesundheit, doch steht dem ein verwirrendes Angebot gegenüber. Auch Kloster-Urlaub, Schnitzel und Socken ist bereits das Label „Wellness" verpasst worden. „Für den Gesunden, der noch gesünder werden will, ist die Orientierung schwierig. Zwar gibt es Gesundheits- und Wellbeing-Angebote für jedes Budget, fast jedes Leiden und jeden Geschmack. Doch es existiert kein Programm, das nachweisbar in kürzester Zeit maximale Erholung garantiert", lautet die Schlussfolgerung. Der Bedarf an seriösen Informationen wird steigen, um nicht auf „Wellnepp" hereinzufallen.

Die „Software" entscheidet

Bei den Gesundheitsferien von morgen wird die „Software" die entscheidende Rolle spielen. Darunter versteht man jene Methoden und Programme, die die Menschen gesünder machen sollen. „Wer das Red Bull für Ferien erfindet, ist an keine Destina-

tion gebunden und kann sein Energize-Programm überall auf der Welt anbieten", so die Formulierung der Autoren. Sekundär wird demgegenüber die „Hardware" sein, also die Dimension und die Ausstattung von Bade-, Sauna- und Fitnessanlagen.

Kampf um die vordersten Plätze

Wo viel Geld zu verdienen ist, lässt die Konkurrenz nicht lange auf sich warten. „Der Wettbewerb um die besten Plätze im vielversprechenden neuen Gesundheitsferienmarkt hat gerade erst begonnen. Wer an der Spitze dabei sein will, braucht ein überzeugendes und klar profiliertes Angebot. Er muss nachweisen, dass seine Kur belebt, die Abwehrkräfte stärkt und das Wohlbefinden steigert", lautet die These. Freilich: Patentrezepte gibt es im Wettbewerb um Kompetenz und Glaubwürdigkeit keine.

Wozu in die Ferne schweifen, ...

Was nach einem Slogan der heimischen Hoteliers klingt, spiegelt tatsächlich einen Trend wider. „Ankommen statt weglaufen" signalisiert den Wunsch nach Vertrautem, Ruhe und Geborgenheit: „In den reifen Märkten und alten Gesellschaften Westeuropas entsteht ein neues Wohlstandsverständnis. Mehr Lebensqualität bedeutet Ruhe, Raum und mehr Zeit für sich und seine Lieben. Die Reisenden von morgen suchen immer öfter das Vertraute und nicht das Fremde." Dazu gesellen sich auch Angstszenarien: vor kulturellen Konflikten, Terror und Umweltzerstörung. Selbstverständlich gibt es dazu auch die Gegenbewegung. Die steigende Mobilität lässt die Welt zu einem Dorf schrumpfen. Wer also in Indien auf Ayurveda-Kur gehen will und es sich leisten kann, wird es auch tun.

... wenn das Gute liegt so nah
Die alternden Baby-Boomer – also die geburtenstarken Jahrgänge der Nachkriegszeit – verstärken den Trend zu Nähe und Überschaubarkeit. „Für die Puristen unter ihnen wird die Nähe und die Lebensqualität wichtig, weil sie schon viel gesehen haben und überall waren. Sie suchen eine Destination, die sie leicht, schnell und bequem erreichen können. Wohl auch, weil sie schon überall gewesen und gesättigt mit Erfahrungen sind. Für den periodischen Kurzurlaub bleiben wir in Zukunft am liebsten in der Nähe", prophezeien die Experten des Gottlieb Duttweiler Instituts.

„Erlebnisgesellschaft" macht müde
Der Wunsch nach Ablenkung, Erlebnis und Spaß wird stets ein wichtiges Urlaubsmotiv darstellen. Doch nach der Prognose des unabhängigen Thinktanks gibt es immer mehr Menschen, die die „Erlebnisgesellschaft" erschöpft und an ihre physischen Grenzen stoßen lässt. „Zeit, Aufmerksamkeit, Sinn, Ruhe und Raum werden die neuen Luxusgüter. Relax-Angebote werden wichtiger als Unterhaltung."

„Ferien als emotionale Medizin"
An der Spitze der Reisemotive von morgen („größtes Wachstumspotenzial") steht nach einer Expertenumfrage des schweizerischen Instituts mit etwa 22 Prozent der Wunsch nach konzentrierter Erholung, Entspannung und Regeneration. Ferien dienen als „emotionale Medizin gegen Erschöpfung, Stress und Depressionen". Mit einigem Abstand folgen Reisemotive wie Ablenkung und Vergnügen, Selbsterfahrung, Abenteuer, der Wunsch, mit vertrauten Menschen zusammen zu sein oder neue kennen zu lernen, sowie Sinngebung.

„Persönliche Schlaf-Menüs"
Und wonach strebt jemand, der sich generell fit fühlt? Er oder sie sucht nach Möglichkeiten, sich effizienter zu regenerieren und (oft kurze) Erholungsphasen intensiver zu nutzen. Ein Beispiel: „Der gesunde Schlaf wird in Zukunft den gleichen Stellenwert haben wie heute gesunde Ernährung. Genauso wie der Gast heute individuelle Diäten erwartet, wird er in Zukunft persönliche Schlaf-Menüs erwarten, die vom Raumklima über die Bettwäsche bis zur Massage alles auf seine Bedürfnisse abstimmen."

Mag. Stefan Spath

---

[1] Schätzung des deutschen Wirtschaftsforschungsunternehmens „Global Insight"
[2] Untersuchung des Vereins für Konsumenteninformation (VKI), 2006
[3] Die Zukunft des Ferienreisens – Trendstudie; eine unabhängige Studie des Gottlieb Duttweiler Instituts im Auftrag von Kuoni, 2006

„Auch die Bäuerin mit Heubadl kann Kompetenz ausstrahlen!"

Die Trendforscherin Prof. Dr. Felizitas Romeiß-Stracke umreißt im Interview mit dem Carpe Diem Wellbeing Guide die „Wohlfühlwelt" der nahen Zukunft.

CD: Frau Professor, Sie haben an einer viel beachteten Trendstudie über die „Zukunft des Reisens"[1] mitgewirkt. Wichtige Teile dieser Studie thematisieren den Zusammenhang zwischen Reisen und Gesundheit bzw. Wohlfühlen. Lässt sich absehen, dass der Megatrend Gesundheit auch im Tourismus 2020 eine wichtige Rolle spielen wird?

Romeiß-Stracke: In der Tat lässt sich dies absehen. Gesundheit hat sich von einer eher muffigen Nischenveranstaltung – ich denke hier an den Begriff der Kur – zu einem Megatrend entwickelt. Und es ist der Charakter von Megatrends, dass sie mindestens zehn bis fünfzehn Jahre bleiben. Für den Tourismus tut sich hier eine potenzielle Goldgrube auf.

CD: Früher gab es den klassischen Kuraufenthalt, dann kam „Wellness" – eine Mischung aus körperlicher Betätigung und Entspannung, oft geboren aus dem Bestreben, „sich etwas zu gönnen". Was wird in zwanzig Jahren im Vordergrund stehen? Körperliche Fitness, seelische Ausgeglichenheit, individuelle Sinnsuche oder eine Einheit von alldem?

Romeiß-Stracke: In zwanzig Jahren wird die Einheit von Körper, Geist und Seele das selbstverständliche Ziel aller Bestrebungen im Gesundheitswesen sein. Da wird sich vor allem die so genannte Schulmedizin wesentlich ändern. Ganzheitliche Gesundheit wird zu einem Überlebensfaktor für den Einzelnen – denn die Anforderungen im Alltag werden immer komplizierter, und denen kann man nicht mehr allein mit körperlicher Fitness entsprechen. Dass man die entsprechenden Therapien in einem angenehmen Ambiente mit Wohlfühlfaktor haben möchte, wertet das ja nicht ab.

CD: Wo findet der gesundheitsbewusste Tourist des Jahres 2020 seine Erfüllung? Schweift er in die Ferne, oder bleibt er in der Nähe?

Romeiß-Stracke: Ob Nähe oder Ferne ist in fünfzehn Jahren wohl eher eine Frage der politischen Landkarte, der Verkehrsverbindungen und der Energiepreise als der persönlichen Präferenz. Einerseits nimmt die Distanzempfindlichkeit ab – mal eben nach Indien in die Ayurveda-Kur ist kein Problem –, andererseits hinterfragen aber auch immer mehr Menschen

Prof. Dr. Felizitas Romeiß-Stracke

Prof. Dr. Felizitas Romeiß-Stracke zählt zu den profundesten Analytikerinnen und Trendforscherinnen zu den Themen Freizeit und Tourismus im deutschsprachigen Raum. Sie lehrt an der TU München an der Architekturfakultät Freizeit- und Tourismuswissenschaft. Seit mittlerweile 30 Jahren entwickelt sie mit ihrem „Büro für Sozial- und Freizeitforschung" zukunftsfähige Strategien, z. B. für Tourismusorte, und konzipiert innovative Freizeitangebote.

diesen permanent mobilen Lebensstil – und darunter sind sicherlich viele Ältere, die in ihrem Leben schon viel gesehen haben und sich der Unbill von Schlangen vor Check-in-Countern und zu eng bestuhlten Flugzeugen nicht mehr aussetzen wollen. Sicher ist allerdings, dass die weltweiten Alternativen, einen Gesundheitsurlaub zu machen, in den Köpfen viel präsenter sein werden als heute.

CD: Der Carpe Diem Wellbeing Guide hat seinen Fokus bisher auf die Leitbetriebe der Branche in den Alpen gerichtet. Sehen Sie die Alpen als eine Ferienregion, die auch in zwanzig Jahren ökologisch intakt, sicher und unverbraucht sein wird?

Romeiß-Stracke: Diese Frage ist so eindeutig nicht zu beantworten. Der Flächenverbrauch in den Alpen geht weiter, und die Verkehrsbelastung nimmt nicht ab. Man muss aber genau hinsehen: Es gibt Regionen in den Alpen, die davon mehr und andere, die davon weniger betroffen sind.

CD: Thermen und Wellbeing-Hotels schießen quer durch Europa wie Pilze aus dem Boden. Was ist wichtiger für ihren Erfolg: Dimension und Vielfalt der Anlage oder die Kompetenz, Angebote mit gesundheitsfördernder Wirkung glaubhaft zu vermitteln?

Romeiß-Stracke: Hier wird oft viel zu viel in die Hardware investiert. Eindeutig ist die Kompetenz – also die Software – in Zukunft das Wichtigste. Die kann auch die Bäuerin mit einem Heubadl ausstrahlen. Heute wollen noch zu viele von allem ein bisschen und von jedem etwas bieten – das wirkt unglaubwürdig, und diesen Mangel kann man auch nicht mit tollem Design im Spa übertünchen.

CD: Reisen, die schwer organisierbar sind, sind jene nach Selbsterkenntnis. Lässt sich „Selfness", wie dieser Trend manchmal bezeichnet wird, überhaupt als Urlaubsangebot vermarkten?

Romeiß-Stracke: „Selfness" ist ja eigentlich nur die Reise zu sich selbst – und das ist nicht unbedingt etwas Neues. In einer Gesellschaft der anspruchsvollen Individuen, die auch so behandelt werden wollen, braucht man nur die Plattform dafür zu bieten, also Situationen schaffen, in denen man zu sich finden kann. Das ist eigentlich gar nicht schwer. Es erfordert aber Empathie mit den Kunden. So ließe sich „Selfness" wohl auch in ein touristisches Angebot verpacken.

CD: Eine These der bereits angesprochenen Studie lautet, dass durch wachsenden Arbeitsdruck und Schnelllebigkeit für viele Menschen Ferien immer mehr zur „emotionalen Medizin" gegen Stress und Erschöpfung werden. Die klassischen Reisemotive Spaß und Vergnügen bzw. der Wunsch, Neues kennen zu lernen, verlieren also an Zugkraft?

Romeiß-Stracke: Erholung von und für die Arbeit war ja historisch der Grund dafür, dass Anfang des 20. Jahrhunderts Urlaub überhaupt gewährt wurde. Spaß und Vergnügen im Urlaub kamen erst später, in den prosperierenden 1980er und 1990er Jahren. Sie sterben mit Sicherheit nicht aus. Aber als diese Maximen dominierten, hatten wir eine andere, noch stabilere Situation in Wirtschaft und Gesellschaft. Heute greift der Wandel von der Industriegesellschaft zur nachindustriellen Gesellschaft teilweise dramatisch ins persönliche Leben ein, verursacht Ängste oder stellt vor neue Herausforderungen. „Change-Sickness" – also ein Leiden an diesem schnellen Wandel – ist die Folge, denn wir sind anthropologisch dafür eigentlich nicht gemacht. Und man muss immer häufiger aussteigen. Das Neue kann man dann ja vielleicht in der Langsamkeit entdecken.

CD: Sehen Sie einen Trend hin zu kurzen, aber intensiven Wellbeing-Aufenthalten?

Romeiß-Stracke: Im Augenblick sieht es so aus, dass in drei, vier Tagen eine Runderneuerung erwartet wird. Aber das ist natürlich eine Illusion. Die klassische Kur sollte früher drei Wochen mindestens dauern – und das gilt heute eigentlich auch noch.

CD: Dass die Nachfrage nach „gesunden" Ferienreisen wächst, ist unbestritten. Welche Fehler sollte ein Unternehmer aus der Hotel- oder Wellbeing-Branche, der auch im Jahr 2020 noch erfolgreich sein will, unbedingt vermeiden?

Romeiß-Stracke: Die wichtigste Erkenntnis in diesem Zusammenhang lautet: Es gibt keine Rezepte. Jedes Haus, jeder Hotelier ist anders. Selbst nachdenken ist notwendig. Kopieren ist tödlich.

CD: Wohlfühlen ist subjektiv. Muss ein Wellbeing- oder Gesundheitsurlaub weitgehend individuell gestaltbar sein, oder haben auch Pauschalangebote eine Chance?

Romeiß-Stracke: Gerade im Wellbeing-Urlaub werden sehr viele Gäste gerne an der Hand genommen, mit Tagesablauf, gewissen Regeln etc. Das gehört auch zu dem Gefühl, auf Händen getragen zu werden. Abgesehen davon lassen sich psychosomatische Therapien, um die es ja meistens geht, nicht so ohne weiteres individuell abrufen, sondern sie erfordern Begleitung, manchmal auch Druck.

CD: Auch im Wellbeing-Bereich ist die Welt mittlerweile zum Dorf geschrumpft. Ayurveda und andere exotische Anwendungen kann man beinahe überall in den Alpen genießen. Ist das sinnvoll?

Romeiß-Stracke: Als jemand, der schon Ayurveda in Fernost praktizierte, als in Europa noch kaum jemand das Wort buchstabieren konnte, kann ich nur davon abraten, das globale Wellness-Potpourri mitzumachen. Mit einer viertägigen Ayurveda-Anwendung macht man nachweislich mehr kaputt, als dass man Gutes tut!

CD: Werden Wellbeing-Aufenthalte im Jahr 2020 eine Domäne finanzkräftiger Schichten sein, oder finden sich Angebote für alle Brieftaschen?

Romeiß-Stracke: Die Entwicklung zeigt doch schon heute, dass auch Menschen mit weniger gut gefüllten Brieftaschen sensibel für Fragen der Gesundheit sind. Es wird wohl eher eine Frage davon sein, in welchem Umfeld jemand sein Geld verdient, was er als Gesundheitsprogramm benötigt und wie er es bezahlen kann.

CD: Wir danken für das Gespräch

Interview: Mag. Stefan Spath

---

[1] Die Zukunft des Ferienreisens – Trendstudie; eine unabhängige Studie des Gottlieb Duttweiler Instituts im Auftrag von Kuoni

Zehn Schlüssel zum Glück

von Deepak Chopra

1. Höre auf die innere Stimme deines Körpers, die sich durch Zeichen von Behaglichkeit oder Unbehagen äußert. Wenn du ein bestimmtes Verhalten wählst, frage deinen Körper zuerst: „Was hältst du davon?" Wenn dein Körper ein Signal von physischem oder emotionalem Unbehagen aussendet, dann nimm dich in Acht. Wenn dein Körper ein Signal von Behaglichkeit und Eifer aussendet, dann fahre fort.

2. Lebe in der Gegenwart, denn die Gegenwart ist der einzige Augenblick, den du hast. Lenke deine Aufmerksamkeit auf das, was im Hier und Jetzt geschieht; suche die Fülle eines jeden Augenblicks. Akzeptiere alles voll und ganz, was deines Weges kommt, um es zu schätzen, um davon zu lernen und um danach loslassen zu können. Die Gegenwart ist, wie sie sein soll. Sie reflektiert die ewigen Naturgesetze, die dir deine Gedanken und die innere Stimme deines Körpers gegeben haben. Dieser Augenblick ist so, wie er sein soll, weil das Universum so ist, wie es sein soll. Kämpfe nicht gegen diese ewige Wahrheit an, sondern sei eins mit ihr.

3. Nimm dir Zeit für Ruhe, Meditation und inneren Dialog. Sei dir bewusst, dass du in Augenblicken der Stille die Quelle deines reinen Bewusstseins aufsuchst. Schenke deinem Seelenleben Aufmerksamkeit, damit du von deiner eigenen Intuition geleitet werden kannst, anstatt von Meinungen anderer darüber, was gut für dich ist und was nicht.

4. Verzichte auf das Bedürfnis nach äußerlicher Anerkennung. Du allein bist der Richter deiner Werte, und dein Ziel ist es, die unendlichen Werte in dir selbst zu entdecken – ganz gleich, was andere davon halten. In dieser Erkenntnis liegt ein großes Maß an Freiheit.

5. Wenn du feststellst, dass du mit Wut oder Widerstand auf eine Person oder Situation reagierst, *sei dir bewusst, dass du nur mit dir selbst kämpfst.* Widerstand leisten ist die Folge von Verteidigungsmechanismen, die alte Wunden hervorgerufen haben. Wenn du diese Wut aufgeben kannst, wirst du dich selbst heilen und in den Fluss des Universums eintauchen.

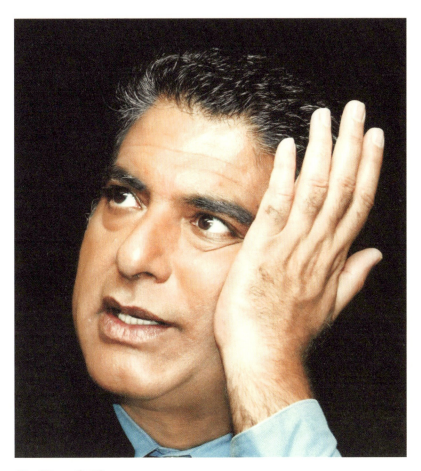

Dr. Deepak Chopra
(* 1947 in Neu-Delhi, Indien)

Deepak Chopra gilt als weltweit führender Vermittler von ganzheitlicher Heilkunst für Körper, Seele und Bewusstsein. Während seiner Arbeit als Internist und Endokrinologe am Boston Regional Medical Center (USA) bemerkte er, dass der westlichen Medizin sozusagen die Seele fehlt. Er machte sich daraufhin auf die Suche, und wie keinem anderen ist es ihm gelungen, die Wissenschaft des Westens mit der Weisheit des Ostens und den jüngsten Errungenschaften der Quantenphysik zu verschmelzen. Zu diesem Thema verfasste er an die 40 Bücher, die in mehr als 35 Sprachen übersetzt und über 20 Millionen Mal verkauft wurden. Das „Time Magazine" listet ihn als „Dichter-Prophet der Alternativmedizin" unter den 100 genialsten Köpfen des 20. Jahrhunderts. Dr. Chopra lebt in Kalifornien, wo er seit den 80er Jahren sein bekanntes „Chopra"-Gesundheitszentrum leitet.

6. *Sei dir bewusst, dass die Welt „dort draußen" deine Realität „hier drinnen" widerspiegelt.* Die Menschen, auf die du am stärksten reagierst – sei es mit Liebe oder Hass –, sind Projektionen deiner inneren Welt. Was du am meisten liebst, ist das, was du für dich selbst am meisten wünschst. Verwende das Spiegelbild deiner Beziehungen als Leitfaden für deine Entwicklung. Das Ziel ist absolute Selbsterkenntnis. Wenn du dieses Ziel erreichst, dann wird das, was du dir am meisten wünschst, automatisch da sein und das, was du am wenigsten möchtest, verschwinden.

7. *Wirf die Last des Urteilens ab* – du wirst dich viel leichter fühlen. Ein Urteil belegt Situationen, die schlichtweg so sind, wie sie sind, entweder mit „richtig" oder „falsch". Alles kann verstanden und vergeben werden, doch wenn du urteilst, dann verweigerst du Verständnis und damit den Prozess, lieben zu lernen. Dein Urteilen über andere reflektiert deinen eigenen Mangel an Selbstakzeptanz. Vergiss nicht, dass jede Person, der du vergibst, zu deiner Eigenliebe beiträgt.

8. *Verunreinige deinen Körper nicht mit Giften,* sei es durch Essen, Trinken oder negative Emotionen. Dein Körper ist mehr als nur ein lebenserhaltender Apparat. Er ist das Vehikel, das dich durch die Reise deiner Entwicklung geleitet. Die Gesundheit jeder deiner Zelle trägt direkt zu deinem Wohlbefinden bei, denn jede Zelle ist eine Parzelle Bewusstsein in dem weiten Feld von Bewusstsein, das dich ausmacht.

9. *Ersetze von Angst motiviertes Verhalten durch von Liebe motiviertes Verhalten.* Angst ist das Produkt von Erinnerungen, die uns an die Vergangenheit binden. Durch die Erinnerung an alte Verletzungen verschwenden wir viel Energie darauf, zu verhindern, dass sich der alte Schmerz wiederholt. Aber der Versuch, Vergangenes in die Gegenwart zu bringen, wird nie die Gefahr beseitigen, verletzt zu werden. Wirklich sicher bist du nur, wenn du dein wahres Ich gefunden hast und das heißt Liebe. Durch die Wahrheit in dir selbst kannst du jeder Gefahr ins Auge blicken, denn deine innere Stärke ist gegen jede Gefahr immun.

10. *Sei dir bewusst, dass die reale Welt nur ein Spiegel der göttlichen Seele in dir ist.* Diese Seele ist der unsichtbare Organisator aller Dinge und Energien; ein Teil dieses Geistes wohnt in dir, daher bist du Teil der treibenden Kraft des Kosmos. Da du untrennbar mit allem verbunden bist, kannst du es dir schlichtweg nicht leisten, Luft und Wasser des Planeten zu verschmutzen. Auch auf einer tieferen Ebene kannst du es dir nicht leisten, mit einem verunreinigten Geisteszustand zu leben, denn jeder Gedanke hinterlässt einen Eindruck im weiten Feld der Weltenseele. Ein Leben in Harmonie und Reinheit ist das höchste Gut für dich selbst und für Mutter Erde.

Der „Carpe Diem Wellbeing Award"
So werden die Hotels ausgewählt und getestet.

Wohlfühlen ist eine subjektive Angelegenheit. Trotzdem gibt es Kriterien, die als Voraussetzung für einen entspannten und harmonischen Wellbeing-Aufenthalt objektiv beurteilt werden können. Immer mehr Hotels heften sich das Prädikat „Wellness" auf die Fahnen, das Angebot wird für den Konsumenten zunehmend undurchsichtiger. Um in diesem Dickicht den Überblick zu behalten, sind konkrete Informationen gefragt. Der „Carpe Diem Wellbeing Guide" versteht sich als Ratgeber und bietet Hilfe bei der Entscheidungsfindung. Auf den folgenden Seiten werden die Leitbetriebe der Branche vorgestellt, die aktuell und in nächster Zukunft Garanten einer qualitätsorientierten Entwicklung sein wollen. Ob sie den Ansprüchen gerecht werden, wurde durch ein **duales Testverfahren** ermittelt. Zur Teilnahme am „Carpe Diem Wellbeing Award" eingeladen wurden ausschließlich Beauty-, Spa- und Wellness-Hotels mit 5 bzw. 4 Sternen aus Deutschland, der Schweiz, Österreich und Südtirol.*

Das duale Testverfahren
Die Hotels werden im ersten Schritt von anonymen Testern („Mystery Checks") besucht. Sie bewerten mittels eines vorgegebenen Fragebogens in 14 Kategorien mit mehr als 150 Positionen und ergänzen diese mit ihren persönlichen Eindrücken. Im zweiten Schritt geben die teilnehmenden Hotels Fragebögen an ihre Gäste aus, die von einem Notar kontrolliert und zur Auswertung weitergeleitet werden. Die Berichtsbände mit diesen Ergebnissen im Umfang von ca. 80 Seiten inklusive Benchmark werden ausschließlich den jeweiligen Hotels zur Verfügung gestellt, um eine Qualitätssicherung zu erreichen, Qualitätskriterien und -standards zu etablieren, eine Weiterentwicklung zu ermöglichen und eventuelle Mängel zu beheben. Außerdem unterliegen diese Ergebnisse der Kontrolle des Beirates (siehe Impressum Seite 6).

Carpe Diem Wellbeing-Hotel des Jahres
Als Ergebnis des dualen Testverfahrens wird für jede Region (Deutschland, Schweiz, Österreich, Südtirol) das bestbewertete Hotel ausgewiesen, als Primus inter Pares wird es zum „Carpe Diem Wellbeing Hotel des Jahres" (siehe Seite 23) gekürt.

Die Kriterien
Egal ob umfangreiches Angebot oder feines Nischenprogramm, alle Hotels werden mittels standardisierten Fragebogens bewertet. Die einzelnen Kriterien lassen sich in vier Kategorien gruppieren:

- ■ Attraktivität der Anlage
- ■ Qualität des Angebots
- ■ Kompetenz der Mitarbeiter
- ■ Gastfreundlichkeit

Die Kriterien im Detail:

- <u>Der erste Eindruck:</u> Umfasst sowohl die Reservierung (prompte und ausführliche Information, geringe Wartezeiten, freundliche Beratung) sowie das äußere Erscheinungsbild (Architektur, harmonische Einbettung in die Umgebung).

- <u>„Zuhause" im Wellbeing-Hotel:</u> Bewertet werden die Größe der Zimmer/Suiten, deren Ausstattung, Sauberkeit, Ruhelage und Ausblick. Die detailreiche Befragung reicht von Bademänteln über Frühstück im Zimmer bis zu den Ablageflächen im Badezimmer.

- <u>Genuss- und Gesundheitsfaktor:</u> Erhoben werden das Angebot an schmackhaften Vitalgerichten, die frische Zubereitung der Speisen sowie die Beachtung regionaler und saisonaler Spezialitäten. Weitere Kriterien sind Abwechslungsreichtum der Karte, Weinangebot, Service und Atmosphäre im Restaurant.

- <u>Wellness- und Beauty-Bereich:</u> Bewertet werden das harmonische Ambiente, Attraktivität und professionelle Gestaltung der Anwendungen, Qualität der Produkte und besonders die fachliche Kompetenz der Mitarbeiter.

- <u>Wasser, Dampf und Kraft:</u> Bei Hallenbad und Sauna werden Modernität, Erscheinungsbild, Attraktivität und Abwechslungsreichtum der Anlagen sowie Hygiene- und Sicherheitsstandards bewertet. Die Ruhebereiche werden auf Größe und Qualität geprüft. Beim Fitnessangebot zählen die Kombination aus modernen Kardio- und Kraftgeräten sowie die Betreuung.

- <u>Die MitarbeiterInnen:</u> Besonderes Augenmerk wird auf die Qualität der MitarbeiterInnen gelegt, damit steht und fällt auch die Qualität eines jeden Hotels. Neben der fachlichen Kompetenz werden das allgemeine Auftreten, Freundlichkeit, Unaufdringlichkeit, gepflegtes Äußeres und Aufmerksamkeit sowie Pünktlichkeit und das Eingehen auf individuelle Wünsche beurteilt.

Diese verschiedenen Mosaiksteine ergeben einen Gesamteindruck, den man als <u>subjektiven „Wohlfühlfaktor"</u> bezeichnen kann. Die Auswahl der Hotels und deren Beschreibung auf den folgenden Seiten geben einen Überblick darüber, was die einzelnen Hotels anzubieten haben und welchen Wohlfühl-Anspruch sie erfüllen können.

---

* Die Ausschreibung ist an eine Teilnahmegebühr gebunden, die nur zu bezahlen ist, wenn das Ergebnis positiv ist, d. h., wenn das Hotel unter die „Führenden" gelistet wird.

DIE VISA-KARTE – SO ZAHLT MAN HEUTE.

Die VISA-Karte macht das bargeldlose Zahlen so flexibel, sicher und übersichtlich wie nie zuvor. Flexibel, denn Ihr Geld bleibt bis zu 6 Wochen länger auf Ihrem Konto. Sicher, weil Sie mit VISA bei Verlust oder Diebstahl umfassend geschützt sind. Und übersichtlich, weil Sie jederzeit mit "Verified by VISA" Ihre VISA-Einkäufe online abrufen können. Dagegen sieht Bargeld wirklich wie Steinzeit aus.

Mehr Informationen gibt es unter www.visa.at

BARGELD IST STEINZEIT.

CARPE DIEM®

WELLBEING-HOTEL DES JAHRES 2006

DEUTSCHLAND
BRENNER'S PARK-HOTEL & SPA
BADEN-BADEN

SCHWEIZ
BEAU-RIVAGE PALACE
LAUSANNE

ÖSTERREICH
GRAND SPA RESORT A-ROSA KITZBÜHEL
KITZBÜHEL

SÜDTIROL
HOTEL CASTEL
DORF TIROL

Prof. Michael Reinartz
Jury Wellbeing Award

Thomas Brugger
Carpe Diem

Wellbeing-Hotels Deutschland

26	Brenner's Park-Hotel & SPA (Wellbeing-Hotel 2006)	Baden-Baden
28	Sport & SPA Resort A-ROSA Scharmützelsee	Bad Saarow
30	BollAnt's im Park	Bad Sobernheim
32	InterContinental Resort Berchtesgaden	Berchtesgaden
34	Parkhotel Burgmühle	Fischen im Allgäu
36	Grand SPA Resort A-ROSA Travemünde	Lübeck-Travemünde
38	Seehotel Überfahrt Tegernsee	Rottach-Egern

Brenner's Park-Hotel & SPA

„Das Leitmotiv: Lebensart, in Einklang mit der Natur, mitten in Baden-Baden. Hier hat das Savoir-vivre seinen festen Platz!"

Brenner's Park-Hotel & SPA
(161 m)
Dir. Frank Marrenbach
D-76530 Baden-Baden
Tel.: +49 (7221) 9000
Fax: +49 (7221) 38772
information@brenners.com
www.brenners.com

Zimmeranzahl
100 Zimmer, davon 32 Suiten

Spa-Schwerpunkte
Kanebo-Spa, Massagerituale, private Spa-Suite, Ernährungscoaching

Umgebung
Nur zehn Minuten vom Hotel entfernt liegt Baden-Badens Altstadt mit ihren ehrwürdigen Gebäuden und lebendigen Einkaufsstraßen; Höhepunkte: das viel gerühmte und neu adaptierte Festspielhaus mit seinem hochkarätigen Musikprogramm, die Galopprennbahn, die Staatliche Kunsthalle, das Museum Frieder Burda und die weltberühmte Spielbank

Carpe Diem-Weekend
3 Tage / 2 Nächte
Deluxe DZ inkl. Frühstücksbuffet und Halbpension
Spa Special:
1 Exotic Peeling
1 Cooling Silk Body Mask
1 Aromaölmassage
Preis: € 670,– pro Person

In einem Privatpark der sonnenverwöhnten Stadt Baden-Baden am Flüsschen Oos liegt das 130 Jahre alte Grandhotel. Der Luxus des Hauses manifestiert sich sowohl in der großzügigen Anlage samt erlesenem Interieur als auch in der breiten Palette der stets innovativen Angebote und der individuellen Betreuung der Gäste.
Internationalen Standards wird auch die Küche des Brenner's Park-Hotel & SPA gerecht, deren Konzept auf der bedingungslosen Konzentration auf Premiumqualität basiert. Ob im „Wintergarten" und im „Park-Restaurant", im „Salon Lichtental", in der „Oleander-Bar" oder in der „Kaminhalle" – der unvergleichliche Charme des stilvoll gestalteten Ambientes macht jede Mahlzeit zusätzlich zu einem Hochgenuss.
Für ein besonderes Erlebnis sorgt „Brenner's Beauty-Spa" mit einem umfassenden Angebot an Gesichts- und Körperbehandlungen, Körperpackungen und Massagen mit ätherischen Ölen. Highlights: das einzigartige Kanebo-Spa und die Spa-Suite für maximal vier Personen mit Laconium, japanischem Blütendampfbad, Biosauna, Whirlpool und eigenem Spa-Butler. Fernöstliche Therapiemethoden wie Shiatsu und Erlebnismassagen aus dem Südpazifik sowie eine großzügige Saunalandschaft, ein beheiztes Hallenschwimmbad und ein Fitnesscenter vervollständigen das Angebot.
Plus: ein Medical Spa, das fachärztliche Betreuung, ästhetische Zahnheilkunde und Dermatologie, Physio-Spa sowie Ernährungsberatung im Programm hat.

Strassburg 60 km
Stuttgart 108 km
Basel 170 km

Carpe Diem-Fazit
Eine Residenz mit Geschichte, in der seinerzeit Maharadschas und Fürsten residierten. Der exklusive Standard gilt heute wie damals, nur erweitert mit einem exquisiten Beauty- und Wellness-Angebot.

Deutschland

CARPE DIEM

★★★★ *superior*

Sport & SPA Resort A-ROSA Scharmützelsee

„Unsere vier Säulen für Ihr Wohlbefinden: gesundes Aussehen, Fitness, innere Stärke und Anti-Aging."

**Sport & SPA Resort
A-ROSA Scharmützelsee**
(37 m)
Dir. T. Stock & Dir. H.-L. Beck
D-15526 Bad Saarow
Tel.: +49 (33631) 62682
Fax: +49 (33631) 62525
info.scharmuetzelsee@a-rosa.de
www.a-rosa.de

Zimmeranzahl
224 Zimmer, davon 16 Suiten

Spa-Schwerpunkte
Ayurveda, medizinisches Gesundheitscoaching, 8 Saunen, 4 Dampfbäder, Caldarium, Laconium, Kneippbecken, Rasul, Hamam, Cardio-, Spinning- und Aerobicraum, Sportdiagnostik, Panchakarma-Kuren, 30 Behandlungsräume

Umgebung
Ausflüge in den Kurort Bad Saarow, drei 18-Loch-Golfplätze und Golfschule, Reiten und Kutschenfahrten, großzügige Tennisanlagen, Segeln und Ausflüge per Schiff am Scharmützelsee

Carpe Diem-Weekend
3 Tage / 2 Nächte
DZ inkl. Halbpension
1 Aromaölteilkörpermassage
1 Softpack Cleopatra
entweder A-ROSA for woman:
1 Skin-Care-System Gold
oder A-ROSA for man:
1 Business-Behandlung
Preis: ab € 378,– pro Person

70 Kilometer von Berlin entfernt liegt das 300 Hektar große Urlaubsparadies Sport & SPA Resort A-ROSA Scharmützelsee. Wer Lust auf ein Scharmützel gegen Trägheit, Langeweile und Unwohlsein hat, ist hier in Brandenburg absolut richtig.

Um es gleich vorwegzunehmen: Auch Nichtstun ist im A-ROSA möglich. Doch wer will schon die vielen Möglichkeiten für Aktivitäten, die das Resort bietet, ungenutzt lassen? Golfen auf knackig designten Meisterschaftsplätzen, die von Nick Faldo und Arnold Palmer gestaltet wurden. Segeln in Axel Schmidts Yacht-Akademie mit über 100 Booten. Tennisspielen in der Halle, im Freien, auf Sand und Rasen. Oder einfach nur radfahren, wandern, reiten und am Strand des Resorts relaxen – an attraktiven Angeboten mangelt es jedenfalls nicht.

Doch was hat das alles mit Wellness zu tun? Ganz einfach: Alles beginnt mit einer innovativen Sportdiagnostik, die aufzeigt, wo die körperlichen Bedürfnisse in Bezug auf die ausgeübte Sportart liegen. Und endet mit regenerierenden Anwendungen im 4.200 m² großen Spa. Das Hauptaugenmerk liegt dabei auf der Ayurveda-Heilkunst, einer gesamtheitlichen Lehre über das „Wissen vom Leben". Begleitet von High-End-Beautyprodukten von Babor und Ligne St Barth, klingt das alles doch nach dem perfekten Wohlfühl-Urlaub – den man am Ende des entspannten Tages noch mit einem Besuch in einem der vier Restaurants vor Ort krönen kann.

Berlin• 74 km
Leipzig• 224 km

Deutschland

Carpe Diem-Fazit
Das vielseitige Spa- und Aktivitäts-Angebot ermöglicht wirklich jedem seine individuelle Freizeitgestaltung. Entspannte Atmosphäre durch freundlichen, unkomplizierten Service.

CARPE DIEM® 29

BollAnt's im Park

„Sehnen Sie sich danach, dem Alltag zu entfliehen, abzuschalten und wieder neu zu sich zu finden? Dann lassen Sie sich hier nach Lust und Laune verwöhnen!"

BollAnt's im Park
(140 m)
Familie Janine & Jan Bolland
D-55566 Bad Sobernheim
Tel.: +49 (6751) 93390
Fax: +49 (6751) 9339269
office@bollants.de
www.bollants.de

Zimmeranzahl
63 Zimmer, davon 6 Suiten

Spa-Schwerpunkte
Felke-Therapie, Noad-Yoga-Thai-Massage, Lomi Lomi-Tempelmassage, Schröpfmassage, Heilerdetherapie

Umgebung
Beliebte Ausflugsziele: das Freilichtmuseum und der Barfußpfad in Bad Sobernheim, die Draisinen-Strecke entlang der Nahe

Carpe Diem-Weekend
3 Tage / 2 Nächte
DZ inkl. Vital-Frühstücksbuffet
1 Candle-Light-Dinner im Restaurant „Hermannshof"
1 Feinschmecker-Menü im Restaurant „Passione Rossa"
1 Asiabad für 2 in der Asia-Spa-Suite mit Dampfbad, Aromaölbad, Seifenschaummassage & Einölung
1 Ayurvedische Kopf-Gesichts-Behandlung
1 Wellness-Energiemassage
Preis: ab € 395,– pro Person

Licht, Luft, Wasser und Erde – so lautete das simple Rezept des naturheilkundigen „Lehmpastors" Emanuel Felke, der – gemeinsam mit Andreas Dhonau (dem Urgroßvater der heutigen Inhaberfamilie) – das einstige Kurhaus Dhonau in Bad Sobernheim leitete.
Damals wie heute wird an diesem Ort die ganzheitliche Felke-Therapie angewendet, die aus Behandlungen mit Heilerde, sanfter Bewegung an der frischen Luft, einer leichten, entschlackenden Ernährung und viel Wasser von innen und außen besteht. Im Laufe der Jahre wurde die fachliche Kompetenz durch klassische und neuzeitliche Naturheilverfahren ergänzt, und das Kurhaus entwickelte sich zum luxuriösen Wellness-Hotel BollAnt's im Park.
Jetzt praktiziert man hier nach dem Begriff „Medical Wellness", der weit mehr umfasst als Lehmbäder und eiskalte Wassergüsse. Von Ayurveda bis hin zu Thalasso und Vinotherapie ist alles dabei, was gut tut und Vitalität bringt. Fixpunkt: Jeder Tag im BollAnt's beginnt mit einer gemeinsamen Morgengymnastik. Highlights im Angebot sind die Noad-Yoga-Thai-Massage, die Lomi Lomi-Tempelmassage, die Schröpfmassage und natürlich die original Bad-Sobernheim-Heilerdetherapie.
Das Motto des Hauses „Heilung mit Genuss" wird auch in der Gastronomie kreativ und qualitätsbewusst umgesetzt – von der feinen vegetarischen Vitalküche im Restaurant „Jugendstil-Villa" bis hin zur hoch dekorierten Grande Cuisine im „Passione Rossa".

Carpe Diem-Fazit
Ein idealer Platz zum Regenerieren und Auftanken. Atmosphärisch und kulinarisch ein besonderes Vergnügen. Das neu eröffnete Wellness-Gebäude verspricht Entspannung pur.

Deutschland

CARPE DIEM

★★★★★

InterContinental Resort Berchtesgaden

„Wir bieten unseren Gästen opulenten Luxus, edles Design und Topgastronomie auf 1.000 Meter Höhe."

**InterContinental
Resort Berchtesgaden**
(1.000 m)
Dir. Tom J. Bauer
D-83471 Berchtesgaden
Tel.: +49 (8652) 97550
Fax: +49 (8652) 97559999
berchtesgaden@ichotelsgroup.com
www.berchtesgaden.intercontinental.com

Zimmeranzahl
138 Zimmer, davon 12 Suiten

Spa-Schwerpunkte
Thai-Massage, Wet-Treatment-Rooms, Kosmetiksuiten, Innen- und Außenpool, La Stone-Therapie

Umgebung
Ausflüge: Königssee, Höglwörther See, Wimbachklamm, Almbachklamm, Salzbergwerk, Heimatmuseum Schloss Adelsheim, Enzianbrennerei Grassl, Lokwelt Freilassing, multimediale Dokumentation Obersalzberg, Königliches Schloss Berchtesgaden mit Kunstsammlung und Jagdtrophäen

---

Carpe Diem-Weekend
3 Tage / 2 Nächte
DZ inkl. Halbpension im Studio
1 Wirbelsäulentherapie
1 Hawaiianische Lomi Lomi-Massage
1 Berchtesgadener Salzbehandlung mit Laist
Preis: € 656,– pro Person

Majestätisch thront das vierstöckige InterContinental Resort Berchtesgaden in Hufeisenform auf dem 1.000 Meter hohen Eckerbichl. Durch seine riesigen Glasfronten wird den Gästen ein spektakulärer 360-Grad-Rundblick über das Salzburger Land, den Nationalpark Berchtesgaden und das Watzmann-Massiv geboten. Nicht weniger beeindruckend präsentiert sich das elegante Innenleben des Hotels mit klaren Linien, Natursteinen, edlen Hölzern, warmen Erdtönen, raffinierter Beleuchtung und Wohlfühldetails wie z. B. offenen Kaminen.

Ein Blickfang ist auch die exklusive „Vinothek": ein begehbarer, rot leuchtender Glaskubus mit edlen Tropfen aus aller Welt. Ein paar Schritte weiter befinden sich die beiden Kulinarik-Oasen, das „3'60°" mit Showküche und das Fine-Dining-Restaurant „Le Ciel". In der eleganten „Rock's Bar" kommen Whisky-Fans auf ihre Rechnung – immerhin gibt es hier die größte Sammlung Deutschlands.

Besonderer Wert wurde auf die Ausstattung des „Mountain Spa" gelegt. Das Beauty- und Wellness-Prunkstück hat auf gut 1.500 m² allerhand zu bieten: einen großzügigen In- und Outdoor-Pool, zwölf Behandlungsräume (mit Produkten von Li'Tya, La Prairie, Juvena), verschiedene Saunen, einen Fitnessraum sowie Ruheoasen mit eleganten Korbmöbeln und einem Meditationszimmer. Herrliches Extra für frisch Verliebte oder Honeymooner: das Private-Spa auf etwa 45 m² mit integrierter Luxusbadewanne.

München 155 km — Salzburg 24 km

Carpe Diem-Fazit
Die moderne Architektur schmiegt sich harmonisch in die unverbaute Berglandschaft. Allein die Lage ist ein Traum, dazu fühlt man sich in der großzügigen Wellness-Oase auf Anhieb wohl.

Deutschland

CARPE DIEM

Parkhotel Burgmühle

„Hier wird die Schwerkraft des Alltags aufgehoben. Genießen und entspannen Sie in der warmen Atmosphäre eines Allgäuer Wohlfühl-Familienbetriebs."

Parkhotel Burgmühle
(760 m)
Familie Reinheimer
D-87538 Fischen
Tel.: +49 (8326) 9950
Fax: +49 (8326) 7352
info@parkhotel-burgmuehle.de
www.parkhotel-burgmuehle.de

Zimmeranzahl
48 Zimmer, davon 6 Suiten

Spa-Schwerpunkte
La Stone-Therapie, Laconium, Hamam, Rasul, Thalasso, Aquafitness, Qigong, Moorbehandlungen, Solbadgrotte, Tuina-Massage

Umgebung
Ausflüge zu den vielen Badeseen, in die Breitachklamm oder die Sturmannshöhle, ins Kutschen-, Modelleisenbahn- oder Bergbauernmuseum; plus: Sommerrodelbahn, Ballonfahrten, Hochseilgarten, Wasserskilift, Rafting, Bike-Park und Golf; Fahrten ins Kleinwalsertal zum Canyoning und ins Casino; speziell im Winter: Schlittenfahrten, Alpin- und Langlauf, Schneewanderungen, Rodeln

Carpe Diem-Weekend
4 Tage / 3 Nächte
DZ inkl. Halbpension
1 Wellness-Rückenmassage
1 Gesichtsbehandlung St Barth
1 Königsbad
1 Rasulbad
Preis: ab € 390,– pro Person

Ruhig und dörflich, nicht zu groß und nicht zu klein, in einmaliger Umgebung – am Fuße der Allgäuer Hochalpen – hat sich ein Ort seinen natürlichen Charme bewahrt: Fischen. Mittendrin: das Parkhotel Burgmühle. Rustikal und trotzdem luxuriös, familiär und trotzdem hochprofessionell. Das sind die Attribute, die dem Erholung suchenden Gast gleich in den Sinn kommen, wenn er das Haus am romantischen Mühlbach betritt. Die Schwerkraft des Alltags fällt ab, die Sinne werden frei für das Schöne und Angenehme.

In den gemütlichen Zimmern und Suiten des Parkhotels spürt man dieselbe Großzügigkeit wie im 1.000 m² großen Spa-Bereich. Massagestation, Luftsprudelbank und Whirlplatte sind die Highlights des Felsenhallenbades. Gleich nebenan lässt man sich's im Tepidarium, im Laconium oder bei einem Aromabad gut gehen. Dazu kommen auf körperliche und seelische Bedürfnisse individuell abgestimmte Massagen und Therapien. Für einen perfekten Auftritt am Abend darf man dann noch eine hochwertige Schönheitsbehandlung auf das „Entspannungsmenü" setzen. Apropos Menü: Die Küche hat sich ganz der bayerischen Tradition verschrieben – purer Genuss mit täglich wechselnden Wahlmenüs, Themenabenden und einem Galadiner einmal pro Woche. Danach kann man sich noch an der Bar oder bei abwechslungsreichen Musik- und Videodarbietungen unterhalten. Und schon ist wieder ein Rundum-Wohlfühltag im Allgäu vorüber.

München 163 km
Innsbruck 148 km

Deutschland

Carpe Diem-Fazit

Charmantes Haus, dessen Ausstattung romantisches Flair verbreitet. Das gut ausgebildete Personal kümmert sich fürsorglich um die Gäste.

★★★★★

Grand SPA Resort A-ROSA Travemünde

„Das SPA-ROSA bietet ein ganzheitliches Konzept, das ein positives Lebensgefühl, körperliche Vitalität und seelische Ausgeglichenheit für emotionales Wohlbefinden fördert."

**Grand SPA Resort
A-ROSA Travemünde**
(5 m)
Dir. Frank Nagel
D-23570 Lübeck-Travemünde
Tel.: +49 (4502) 30700
Fax: +49 (4502) 3070700
info.travemuende@a-rosa.de
www.a-rosa.de

Zimmeranzahl
205 Zimmer, davon 41 Suiten

Spa-Schwerpunkte
Original Thalasso-Zentrum mit Meerwasserleitung, Bewegungsbecken, Innen- und Außenpools (500 m²), Dermatologikum von Professor Steinkraus, Beauty-Abteilung, private Spa-Suite

Umgebung
Travemünde und die herrliche Natur- und Küstenlandschaft der Lübecker Bucht sind die Kulisse für Segeltörns, eine Golfpartie auf 3 Plätzen in der nahen Umgebung oder gemütliche Stunden am Strand; Shopping im nahen Hamburg

Carpe Diem-Weekend
3 Tage / 2 Nächte
DZ inkl. Vitalfrühstück & Dinner
1 Kanebo-Gesichtsbehandlung
1 Himbeerkörperpeeling und Körpermaske
1 Pediküre inkl. Massage
Freier Eintritt in den Schwimm-, Sauna- und Ruhebereich
Preis: ab € 422,– pro Person

Eingebettet in das ruhige und klassische Küstenprofil Schleswig-Holsteins, liegt das Grand SPA Resort A-ROSA Travemünde direkt am Meer. Das denkmalgeschützte Kurhaus wurde mit modernen Elementen ergänzt und ist ein erstklassiger Standort für einen exklusiven Wellness-Urlaub. Im 4.500 m² großen „SPA-ROSA" bilden die Thalasso-Anwendungen im Meerwasserbad mit Algen und Hydromassage den elementaren Bestandteil des Angebots. Um die Kraftquelle des Wassers direkt nutzen zu können, verfügt das SPA-ROSA über eine hauseigene Meerwasserleitung. Weitere Angebote: sieben verschiedene Themensaunen, Innen- und Außenpools mit Meerwasser, Kneippbecken, Eisgrotte, Whirlpool sowie ein großzügiger Cardio- und Gerätebereich mit Spinning- und Kursraum. Im Dermatologikum kann man präventivmedizinische Angebote zur Analyse, Beratung und Gesunderhaltung der Haut nutzen, im Beauty-Zentrum werden zahlreiche Anwendungen mit Produkten von Kanebo und St Barth offeriert. Auch für sportliche Aktivitäten ist gesorgt. So kann man in der nahen Umgebung golfen, segeln, reiten oder Tennis spielen.

Im „Wintergartenrestaurant" bereiten Köche und Öko-Trophologen die Gerichte nach dem „A-ROSA Food-Konzept" in einer Showküche zu. Das Gourmetrestaurant „Buddenbrooks" im Lübeckzimmer verwöhnt mit Spitzengastronomie, in der urigen „Weinwirtschaft" samt Ostseeterrasse kann man sich an Tapas, Risotto und Co sowie einer umfangreichen Weinauswahl delektieren.

Carpe Diem-Fazit

Ein schneller und aufmerksamer Service sorgt für einen erholsamen Aufenthalt. Dazu ein angenehm dezentes Erscheinungsbild sowie ein vielseitiges Wellness- und Gastro-Angebot für jeden Geschmack.

★★★★★

Seehotel Überfahrt Tegernsee

„Ästhetische Konsequenz und Fullservice werden bei uns groß geschrieben. Das Wohlgefühl der Gäste steht an erster Stelle."

Seehotel Überfahrt Tegernsee Dorint Sofitel
(671 m)
Dir. Chris H. Muth
D-83700 Rottach-Egern
Tel.: +49 (8022) 6690
Fax: +49 (8022) 6691000
info.mucteg@dorintresorts.com
www.dorintresorts.com

Zimmeranzahl
188 Zimmer, davon 53 Suiten

Spa-Schwerpunkte
Renovateur Parfait Visage & Corps, Qi-Massage, Carita Stone Energy, Aromamassagen, Personal Training und Leistungsdiagnostik

Umgebung
Das Tegernseer Tal mit seinen fünf Orten ist perfekt geeignet, um sich aktiv zu erholen; Sightseeing: die Klöster Tegernsee und Andechs, Olaf-Gulbransson-Museum für Graphik und Karikatur

Carpe Diem-Weekend
3 Tage / 2 Nächte
Executive-Zimmer inkl. reichhaltigem Frühstücksbuffet
2 Abendmenüs (3-gängig) im Restaurant „Egerner Bucht"
1 Welcome-Juice im Spa
1 Clé de Peau Gesicht Luxusbehandlung
1 Clé de Peau Body Peeling auf warmem Hamamstein
1 Clé de Peau Body Massage
Preis: ab € 657,– pro Person

Im Seehotel Überfahrt wird traditionelle Gastfreundschaft mit dem Luxus internationaler Spitzenklasse kombiniert. 2001 eröffnete an der Stelle des ehemaligen „Gasthaus Überfahrt" (anno 1873) das vom Münchner Architekten Jo Stahr entworfene Hoteljuwel – insgesamt 182 Millionen Euro wurden in den Neubau des Seehotels Überfahrt Tegernsee investiert. Das Ergebnis: ein modernes, elegantes Haus, dessen Interieur dem eines Königspalastes gleicht. Erlesene Materialien, kostbare Einrichtung und liebevoll arrangierte Accessoires vermitteln eine Atmosphäre von stilvoller Eleganz und warmer Behaglichkeit. Jedes Zimmer verfügt über einen eigenen Balkon oder eine Terrasse mit Blick auf den wunderschönen Tegernsee oder die imposanten bayerischen Berge.
Auf den 2.000 m² des „Royal Spa Überfahrt" verliert sich der Alltag schnell. Ob finnische, arabische und japanische Sauna-Variationen, das römische Laconium oder das moderne Fitnesscenter – hier finden die Gäste eine breite Palette an Entspannungs- und Trainingsmöglichkeiten. Ein Team aus Kosmetikerinnen, Physiotherapeuten und Sportwissenschaftlern kümmert sich um Wünsche und Bedürfnisse der Besucher und sorgt für regelmäßig wechselnde Aktivitäten und Behandlungen, bei denen Spitzenprodukte von Clé de Peau Beauté, Carita, Shiseido, Decléor und Ligne St Barth verwendet werden. Der Geheimtipp unter den Gästen: die asiatische Qi-Massage, die mit sanfter Energie für innere Balance sorgt.

München 55 km
Innsbruck 55 km

Carpe Diem-Fazit
Im Royal Spa versinkt man in einer luxuriösen Welt aus Wasser, Entspannung und exquisiten Details. Besonderes Plus: Kompetente, freundliche Mitarbeiter und das erlesene Ambiente.

Deutschland

Wellbeing-Hotels Schweiz

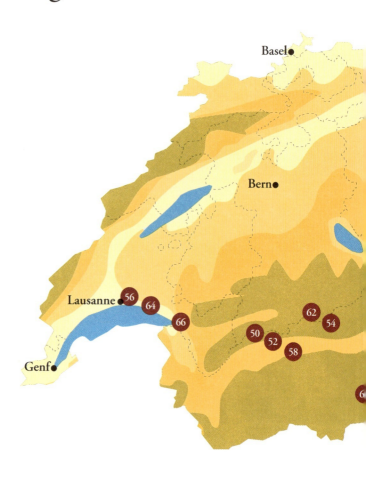

42	Grand Hotel Hof Ragaz	Bad Ragaz
44	Hotel Adula	Flims-Waldhaus
46	Park Hotel Waldhaus	Flims-Waldhaus
48	Hotel Paradies	Ftan
50	Grand Hotel Bellevue (Wellbeing-Hotel 2005)	Gstaad
52	Wellness & SPA Hotel Ermitage-Golf	Gstaad-Schönried
54	Victoria-Jungfrau Grand Hotel & Spa (Wellbeing-Hotel 2004)	Interlaken
56	Beau-Rivage Palace (Wellbeing-Hotel 2006)	Lausanne
58	Lenkerhof Alpine Resort	Lenk

60	Palace Luzern	Luzern
62	Wellness & Spa Hotel Beatus	Merligen/Thunersee
64	Le Mirador Kempinski	Mont-Pèlerin
66	Raffles Le Montreux Palace	Montreux
68	Ferienart Resort & Spa	Saas-Fee
70	Wellness Hotel Chasa Montana	Samnaun
72	Kulm Hotel	St. Moritz
74	Park Hotel Vitznau	Vitznau
76	Park Hotel Weggis	Weggis

★★★★
Grand Hotel Hof Ragaz

„Tauchen Sie ein in die Harmonie aus Bewegung, Entspannung und Erholung. Das ist für uns Wellness!"

Grand Hotel Hof Ragaz
(525 m)
Dir. Riet Pfister
CH-7310 Bad Ragaz
Tel.: +41 (81) 3033030
Fax: +41 (81) 3033033
reservation@resortragaz.ch
www.resortragaz.ch

Zimmeranzahl
131 Zimmer, davon 8 Suiten

Spa-Schwerpunkte
To B. Health Club auf über 3.000 m²: Helenabad mit Sauna, Aromakabinen, Thermarium und Kneipp-Parcours; Cardiotraining, Sauerstofftherapie, Schlankheits- und Cellulite-Treatments; Beauty-Anwendungen mit Carita, Kanebo und La Prairie

Umgebung
Golf am 18-Loch-Championship-Course und in der Golf Academy des 9-Loch-Platzes „Heidiland"; Wander- und Radtouren zur Heidialp, Lichtspiele in der Taminaschlucht

Carpe Diem-Weekend
3 Tage / 2 Nächte
DZ inkl. Frühstücksbuffet
tägliche Wellness- und Entspannungslektionen
1 Kanebo-Gesichtsbehandlung
1 Ganzkörperpeeling
1 Lomi Lomi Nui-Massage
Preis: ab € 642,– pro Person

Man kombiniere alpine Romantik des Heidilands mit klassischer Spitzenhotellerie und modernsten Wellness-Einrichtungen!
Das Resultat ist ein Universal-Verschönerungsaufenthalt nach Maß – für innen und außen. Die Besinnung auf die wahren Werte stellt dabei das größte Kapital des Grand Hotel Hof Ragaz dar: Unbezahlbare Raritäten wie Zeit, Ruhe und Natur definieren den Luxus neu. Natürlich haben dabei auch die seit dem 13. Jahrhundert genutzte Mineralquelle und das moderne Medizinische Zentrum von Bad Ragaz ein Wörtchen mitzureden.
Die Thermalanlage des über 3.000 m² großen „To B. Health Club" gehört zum exklusiven Kreis der „Leading Spas of the World" und bietet eine enorme Palette regenerierender Spa-Anwendungen. Von der Vinotherapie bis zur thailändischen Wat-Po-Massage, von Ayurveda und Pilates bis hin zur neuen Choco-Therapie mit gehaltvoll angereicherter Schokolade. Das alles tut gut, macht schön und zufrieden.
Zusätzlich hält das Medizinische Zentrum mit dem „Swiss Olympic Medical Center" Sportler mit Präventiv- und Rehabilitationstherapien fit. Deren positiven Einfluss kann man dann auch gleich auf den hauseigenen 18- und 9-Loch Golfplätzen testen.
Und weil nach einem so aktiven Tag auch Genuss und Ruhe hoch im Kurs stehen, kann man sich zu guter Letzt mit einem verdienten Abstecher in die haubengekrönten Restaurants „Äbtestube" oder „Bel-Air" belohnen.

Carpe Diem-Fazit
Hotel, Lage und Umgebung verbreiten wohltuende Wellbeing-Atmosphäre, die durch freundliche Mitarbeiter noch gefördert wird. Extra Pluspunkt für die medizinische Abteilung.

Schweiz

CARPE DIEM® 43

★★★★

Hotel Adula

„Inmitten der Schweizer Berge finden Sie diese Wohlfühl-Oase! Genießen Sie die Natur, und lassen Sie sich ein bisschen verwöhnen."

Hotel Adula
(1.100 m)
Familie Peter Hotz
CH-7018 Flims-Waldhaus
Tel.: +41 (81) 9282828
Fax: +41 (81) 9282829
info@adula.ch
www.adula.ch

Zimmeranzahl
96 Zimmer, davon 3 Suiten

Spa-Schwerpunkte
Shiatsu, Thalasso, Chardonnay-Trester-Peeling, Aqua-Fitness, Qi Gong, Ernährungs- und Fastenberatung, Solbadgrotte, Rubindampfbad, La Stone-Behandlungen und Fitness-Checks

Umgebung
Im Sommer und Winter finden zahlreiche attraktive Ausflüge statt: Pferdekutschenfahrten, Ausflüge zum Kloster Disentis, zur Viamala-Schlucht, zur Quelle des Rheins, zur Rheinschlucht „Little Swiss Grand Canyon", Zugfahrten mit dem Glacier-Express, spezielle Themenwanderungen

Carpe Diem-Weekend
3 Tage / 2 Nächte
DZ inkl. Halbpension
1 durchblutungsförderndes und entschlackendes Chardonnay-Trester-Peeling
1 Pantai-Herbal-Gesichtsmassage
1 Relaxmassage (25 Min.)
Preis: ab € 320,– pro Person

Geht das? Genießen, relaxen und gleichzeitig gesünder und fitter werden? Natürlich, denn im Hotel Adula wird „Better Aging" wörtlich genommen: Beim speziellen Metabolic Typing erfährt man unter Anleitung eines Kinesiologen, welcher Stoffwechseltyp man ist und somit, welche Nahrungsmittel die Gesundheit und eventuell eine Gewichtsreduktion optimal unterstützen. Doch das ist noch nicht alles. Sind erst einmal die Eckdaten ermittelt, bereitet Gault-Millau-Koch Ralph Curanz ein individuell abgestimmtes Menü. Sinnvolle Bedingung: Man sollte sich fünf Tage dafür Zeit nehmen. Diese zahlen sich dann auch wahrlich aus, denn es gibt vieles zu entdecken! Etwa in der 1.200 m² großen, nach Feng-Shui konzipierten Wellness-Oase „La Mira". Hier warten ein 35 °C warmer Outdoor-Solepool, eine schonend milde Kräutersauna, ein Rubindampfbad und eine erfrischende Eisgrotte. Weil nicht nur die innere, sondern ein bisschen auch die äußere Schönheit zählt, gibt's hier Luxustreatments mit Phytomer- und Shiseido-Produkten.

Ideal für besonders aktive Gäste – im Sommer wie im Winter: das reichhaltige Outdoor-Fitnessangebot, u. a. mit geführten Wanderungen, Walking, Rafting, Skifahren, Snowboarden, Schlittenfahren.

Unterhaltung ist jedenfalls programmiert. Und wenn das alles noch nicht reicht: Anfang August gibt es das spektakuläre Bikertreffen „Fat Tire" im nahen Alp Plaun, Ende September ein Heißluftballonspektakel in Flims.

Carpe Diem-Fazit
Bis ins letzte Detail liebevoll eingerichtete Zimmer, ein reichhaltiges Fitness-Programm und ein fantastisches Spa machen das Haus zur Wellness-Oase.

Schweiz

CARPE DIEM 45

★★★★★

Park Hotel Waldhaus

„Unsere Erfolgsfaktoren: Ein ultramoderner Wellness-Kubus, traumhafte Landschaften, spannende Architektur und ein ambitioniertes Gourmetkonzept."

Park Hotel Waldhaus
(1.100 m)
Dir. Christoph & Sabina Schlosser
CH-7018 Flims-Waldhaus
Tel.: +41 (81) 9284848
Fax: +41 (81) 9284858
info@parkhotel-waldhaus.ch
www.parkhotel-waldhaus.ch

Zimmeranzahl
150 Zimmer, davon 40 Suiten

Spa-Schwerpunkte
Alpine Spa-Treatments, HAKI-Behandlung, Ohrkerzenbehandlung, St-Barth-Anwendungen, Medical Beauty Center, Badelandschaft im Glaskubus, Bioschwimmteich, Erdsauna

Umgebung
Über der wildromantischen Rheinschlucht liegen die Orte Flims, Laax und Falera mit ihrer einmaligen Landschaft mit verzauberten Wäldern, idyllischen Berg- und Moorseen und kulturhistorischen Sehenswürdigkeiten; die drei Orte bilden mit der „Weissen Arena" zudem eines der größten Skigebiete der Alpen

Carpe Diem-Weekend
2 Tage / 1 Nacht
DZ inkl. Frühstücksbuffet
1 Nordic Walking Personal Coaching
1 LaCauma Spa-Treatment
1 Gesichtsbehandlung (80 Min.)
Preis: ab € 393,– pro Person

Im Park Hotel Waldhaus erwacht die Grandezza vergangener Tage und spiegelt sich im urbanen Luxus der Gegenwart wider. Das Park Hotel Waldhaus gibt es zwar schon seit 129 Jahren, doch noch nie strahlte das architektonische Juwel so glanzvoll wie heute. Man wohnt in drei verschiedenen Häusern, jedes mit eigenem Stil: klassisch im renovierten Grand Hotel, rustikal-elegant im Belmont, farbig-luftig in der neu gestalteten Villa Silvana.

Auch Gourmets frohlocken angesichts der großen Auswahl: Im „Panorama-Restaurant" werden französische Gerichte, im von Gault Millau ausgezeichneten Gourmettempel „La Cena" mediterrane Spezialitäten, im Bistro-Café „The Lounge" leichte Wohlfühlhappen, im „Little China" asiatische Speisen, im „Pomodoro" italienische Köstlichkeiten und in der „Mungga Stuba" Fonduevariationen gereicht. Wer ob der üppigen Verpflegung Angst um seine Figur bekommt, begibt sich tagsüber ganz einfach in die Hände geschulter Fitnesstrainer.

Auf keinen Fall sollte jedoch das Spa- und Beautyangebot versäumt werden! Ein unübertroffenes Erlebnis ist das Bade- und Wellnesscenter „delight", das in einem filigranen, frei stehenden und beleuchteten Glaskubus untergebracht ist. Neben diesem architektonischen Meisterwerk gibt es noch ein ganzjährig beschwimmbares Außen-Erlebnisbad, einen idyllischen Bioschwimmteich, eine Liegewiese mit Poolbar, Hamam, Dampf- und Aromabädern. Wer will da je wieder nach Hause fahren…

Schweiz

Carpe Diem-Fazit
Romantik pur und ein Hauch Nostalgie! Ein Wellnesstempel, in dem trotz seiner Größe vorbildlich und persönlich auf jeden Gast eingegangen wird.

★★★★

Hotel Paradies

„Ein kleines, aber feines Paradies, mit Natur pur, kulinarischen Hochgenüssen und Wellness-Highlights!"

Hotel Paradies
(1.640 m)
Dir. G. Achermann &
Dir. E. Hitzberger
CH-7551 Ftan
Tel.: +41 (81) 8610808
Fax: +41 (81) 8610809
info@paradieshotel.ch
www.paradieshotel.ch

Zimmeranzahl
23 Zimmer, davon 8 Suiten

Spa-Schwerpunkte
Magnetfeldtherapie, Chi-Therapie, Power-Plate-Therapie, Golf-Physiotherapie, Lightstyle-Wochen

Umgebung
Bergtouren in die Engadiner Dolomiten und zu den Silvrettagipfeln, Wanderungen im einzigen Schweizer Nationalpark, ein 9-Loch-Alpengolfplatz; im Winter: über 80 Skipisten und 60 km Langlaufloipen; beliebte Ausflugsziele: das Kloster St. Johann in Müstair oder die Kaffeerösterei Badilatti in Zuoz

Carpe Diem-Weekend
3 Tage / 2 Nächte
DZ inkl. Vitalfrühstück
1 Drei-Gang-Lightstyle-Menü inkl. korrespondierender Tees
1 Vier-Gang-Genießer-Menü
1 Verwöhnbehandlung für Kopf, Hände und Füße
1 Aroma-Teilmassage
Preis: € 487,– pro Person

Das Unterengadin zählt mit durchschnittlich 305 Sonnentagen im Jahr zur absoluten Schweizer Schönwetterregion. Und genau hier – noch dazu auf einem Sonnenplateau – befindet sich das Hotel Paradies, das sich seit über 100 Jahren in Privatbesitz befindet. Nomen est omen? Alle 23 Zimmer verfügen über einen Südbalkon mit Blick auf die imposanten Engadiner Dolomiten und sind mit Gemälden und Grafiken namhafter Engadiner Künstler ausgestattet.
„Setzen Sie Ihren Gaumen in Erstaunen", lautet das Motto der ambitionierten Küchencrew. Und das gelingt hier wahrlich wunderbar! Zum Beispiel im hochdekorierten Gourmettempel „La Bellezza", wo Eduard Hitzberger beherzt den Kochlöffel schwingt. Oder im „Vitalino", wo man zusätzlich zum Essen noch gratis ein atemberaubendes Bergpanorama genießen kann. Wer es lieber urig hat, ist in der 150 Jahre alten Arvenholzstube „Stüva Paradis", die für ihr wahrhaft köstliches Fondue bekannt ist, bestens aufgehoben.
Doch was wäre das Paradies ohne Wohlfühl-Treatments? Nur halb so entspannend vermutlich. Deshalb lockt der Spa-Bereich mit wohltuenden Massagen, exklusiven Kanebo-Behandlungen, Kräuterwickeln und einer feinen Saunalandschaft. Besonders stolz ist man auf das neueste Highlight aus dem Bereich Gesundheitsprävention, das auf den beiden Säulen Ernährung und vitale Fitness basiert.
Kein Wunder also, dass sich so mancher Gast des Öfteren im Garten Eden wähnt!

Carpe Diem-Fazit
Ein exzellentes Spa für Gourmets und wahrlich ein Paradies für Landschaftsfreaks. Das feine Wellness-Angebot sorgt rundum für Entspannung.

Schweiz

★★★★★

Grand Hotel Bellevue

„Wellness gegen den Knopf im Kopf: Hier können Sie all das tun, wofür Sie im hektischen Alltag keine Zeit finden!"

Grand Hotel Bellevue
(1.050 m)
Dir. T. Straumann &
Dir. M. Wichman
CH-3780 Gstaad
Tel.: +41 (33) 7480000
Fax: +41 (33) 7480001
info@bellevue-gstaad.ch
www.bellevue-gstaad.ch

Zimmeranzahl
57 Zimmer, davon 13 Suiten

Spa-Schwerpunkte
La Stone-Therapie, Klangschalenmassage, Lomi Lomi Nui, Reiki, Shiatsu, Hamam, Laconium, Rasul, Thalasso, Yoga, Serailbad

Umgebung
Das mondäne Gstaad ist für seine Poloturniere, Weltklasse-Tennisplätze, Pulverschnee-Abfahrten und Festivals klassischer Musik berühmt und zieht jedes Jahr viele prominente Urlauber an; im Sommer: 18-Loch-Golfplatz Gstaad-Saanenland, Bergsteigen, Mountainbiken; im Winter: Heliskiing, Curling, Langlaufen, Ballonfahren

Carpe Diem-Weekend
3 Tage / 2 Nächte
DZ inkl. Frühstücksbuffet und 3-Gang-Dinner
1 Mandel-Joghurt-Peeling
1 Aromamassage
1 Rasul-Pflegebehandlung
Preis: € 630,– pro Person

Direkt am Dorfeingang des autofreien Schweizer Ortes Gstaad liegt das Grand Hotel Bellevue inmitten eines herrlichen Parks mit altem Baumbestand. 2002 wurde das ehrwürdige Hotel aus dem Jahre 1912 neu eröffnet, nachdem es komplett renoviert und in ein Traumresort verwandelt worden war. Das Konzept: Erhaltung des ursprünglichen Charakters des Gebäudes plus moderne Designerzimmer und -suiten, zwei ausgezeichnete Restaurants und ein Spa der Spitzenklasse. Bereits neun Monate nach der Wiedereröffnung gab es die erste Auszeichnung.

Laut Philosophie des Grand Hotel Bellevue soll alles bewusst auf das Wesentliche reduziert werden. So wurde z.B. im 2.500 m² großen „Bellevue SPA" die geradlinige, spartanische Ausdrucksform japanischer Architektur übernommen, in der nichts vom Versuch ablenkt, sich in sich selbst zu versenken. Das reichhaltige Angebot: Hallenbad, Beauty- und Hairstylesalons, Ayurveda, Klangschalenmassage, La Stone-Therapie, Meditation, Reiki, Serailbad, Yoga, Fitnessräume sowie diverse Saunen und Dampfbäder.

Das Bellevue bietet nicht nur Wellness für den Körper, sondern auch für den Kopf. So finden die Gäste ein breites Angebot individueller Unterhaltung vor: Laptop mit WLAN-Internetanschluss, klassische und brandneue Film-DVDs sowie spannende Literatur, gepaart mit Köstlichkeiten aus Humidor, Küche und Bar. Plus: Das hauseigene Kino kann auch für eine exklusive private Vorstellung reserviert werden.

Schweiz

Carpe Diem-Fazit
Wunderschönes Traditionshaus, in dem die Zeit nicht stehen geblieben ist. Ausgezeichnetes Verwöhn-Programm, exzellente Kulinarik und ein großzügiges Spa, an dessen Erweiterung ständig gearbeitet wird.

CARPE DIEM

★★★★★

Wellness & SPA Hotel Ermitage-Golf

„In diesem Ferienparadies rückt der Alltag in weite Ferne. Einfach zurücklehnen, genießen, sich verwöhnen lassen und nach Lust und Laune aktiv werden."

Wellness & SPA Hotel Ermitage-Golf
(1.250 m)
Dir. H. Lutz & Dir. L. Schmid
CH-3778 Gstaad-Schönried
Tel.: +41 (33) 7486060
Fax: +41 (33) 7486067
ermitagegolf@gstaad.ch
www.ermitagegolf.ch

Zimmeranzahl
79 Zimmer, davon 6 Suiten

Spa-Schwerpunkte
Klassische oder orientalische Massagen, großer Saunapark, Vitalità-Wohlfühlabteilung, Hallen- und Frei-Erlebnis-Solbad (ganzjährig!)

Umgebung
In Gstaad-Schönried kommen sportbegeisterte und ruhesuchende Gäste ganzjährig auf ihre Kosten. Das hochkarätige Angebot u. a.: Tennis Open Gstaad, Beach Volleyball Grand Slam Turnier, das Yehudi Menuhin Festival; plus: die „Gstaad Easyaccess Card" für Gratisbenutzung der Bergbahnen

Carpe Diem-Weekend
4 Tage / 3 Nächte
DZ inkl. Verwöhnhalbpension
(Mitte März bis Dezember
¾-Genießer-Pension)
3 Tage Wellness-Basispackage
1 Kräuterpackung
1 Vitalmassage (25 Min.)
Preis: ab € 352,– pro Person

Im sehr persönlich geführten Châlet-Hotel Ermitage-Golf bleiben keine Wünsche offen. Sowohl im Sommer als auch im Winter bietet das Wellness & SPA Hotel in Gstaad-Schönried ein vielseitiges Wohlfühlangebot, gepaart mit echter Gastfreundschaft, modernstem Komfort und einem Fitnessprogramm der Extraklasse. Von Wandern, Bergsteigen und Klettern über Mountainbiken, Reiten, Riverraften und Paragleiten bis hin zu Skifahren und Langlaufen – das Saanenland ist ein Paradies für all jene, die sich einen aktiven Urlaub wünschen. Einheimische Gästebetreuer begleiten die Besucher zu den schönsten Plätzen der Region.
Auch der Wellnessbereich bietet jede Menge Abwechslung, vom Hallen- und Frei-Erlebnis-Solbad (35 °C), über Außen-Sportschwimmbad (28–31 °C), Saunapark (6 Saunen), Whirlpool, Beautycenter bis zur Wellnessoase „Vitalità" mit verschiedenen Bädern und Packungen, klassischen und asiatischen Massagen sowie romantischem Rasul oder Golden Nostalgica.
Der Hotelpark mit Biotop, lauschigen Leseplätzen und Liegewiesen lädt zum Träumen ein. Und in den gemütlichen Aufenthaltsräumen – wie der Bibliothek, der Kaminhalle oder der „Dörflibar" – findet jeder einen Platz, um in Ruhe zu schmökern oder mit Freunden angenehme Stunden zu verbringen.
Kulinarisch werden die Gäste im Rahmen der Verwöhnhalbpension erfreut. Serviert wird eine leichte Schweizer Küche, die mit marktfrischen Produkten schlank und fit macht.

Carpe Diem-Fazit
Sehr familiär geführtes Haus mit attraktiven Details in der Ausstattung und freundlicher Atmosphäre. Die Wellbeing-Angebote sind ein Festival für Körper und Geist.

Schweiz

CARPE DIEM 53

★★★★★

Victoria-Jungfrau Grand Hotel & Spa

„Ein Traum-Spa vor einer Traumkulisse – wo die Hektik des Alltags keinen Zutritt findet!"

Victoria-Jungfrau Grand Hotel & Spa
(534 m)
Dir. Emanuel Berger
CH-3800 Interlaken
Tel.: +41 (33) 8282828
Fax: +41 (33) 8282880
interlaken@victoria-jungfrau.ch
www.victoria-jungfrau.ch

Zimmeranzahl
212 Zimmer, davon 105 Suiten

Spa-Schwerpunkte
Hot Stone-Therapie, Pilates, Aerobic, Herzrehabilitation, Shiatsu, Meditation zur Stressbewältigung

Umgebung
Vom Hotel aus genießt man eine spektakuläre Aussicht auf das Jungfrau-Massiv, den Mönch und den Eiger mit seiner berühmten Nordwand; Outdooraktivitäten: Golfen, Radfahren, Reiten, Wandern, Klettern, Paragleiten und Schneesport

Carpe Diem-Weekend
3 Tage / 2 Nächte
DZ inkl. Dine-around
mit Frühstücksbuffet
5-Gang-Auswahlmenü im „La Terrasse" oder à la carte in einem der anderen Restaurants
1 Padabhyonga
1 Bodywrap
1 Aromatherapie-Massage
Preis: ab € 791,– pro Person

Das Victoria-Jungfrau Grand Hotel & Spa ist eine Legende und gilt als eines der außergewöhnlichsten Winter- und Sommerresorts Europas. Das Ambiente aus der Zeit der Jahrhundertwende bietet Luxus und legere Ungezwungenheit zugleich. Mit drei exklusiven Restaurants, zwei noblen Bars und einem traumhaften Spa kann das Grand Hotel in Interlaken praktisch jeden Wunsch seiner anspruchsvollen Gäste erfüllen.
Die Wohn- und Schlafräume des 1864 zu Ehren von Königin Victoria von England gebauten Hotels begeistern durch Großzügigkeit, individuelle Gestaltung und Liebe zum Detail. Das elegante, von Gault Millau ausgezeichnete Restaurant „La Terrasse" besticht mit seiner ideenreichen französischen Küche, während in der ebenfalls von Gault Millau ausgezeichneten „Jungfrau Brasserie" ausschließlich Schweizer Produkte verwendet und serviert werden.
Herzstück des Grand Hotels ist das „Victoria-Jungfrau Spa", das 2003 mit dem „ESPA" erweitert wurde. Hier werden die Gäste mit individuellen Programmen aus fernöstlichen Heilpraktiken und ausgesuchten westlichen Behandlungen von Kopf bis Fuß verwöhnt. Das Angebot reicht von Whirlpools, Sole- und Dampfbad, diversen Saunen, Solarien und Ruheräumen über ein komplettes Fitnesscenter, fünf Tennisplätze bis hin zu einem Clarins-Beautycenter und Physiotherapie. Sehr exklusiv: ein glamourös-puristisches „Private Spa" für zwei Personen mit allem, was das anspruchsvolle Wellness-Herz begehrt.

Carpe Diem-Fazit

Im hervorragend ausgestatteten „ESPA" findet jeder die richtige Balance. Auch die Kinder sind in einem eigenen Club so gut aufgehoben, dass Wellbeing absolut nichts im Wege steht.

★★★★★

Beau-Rivage Palace

„Zwischen Genfer See und den Alpen. Mit Geschichte und Geschichten. Sie werden nur einen Wunsch haben: wiederzukommen!"

Beau-Rivage Palace
(380 m)
Dir. François Dussart
CH-1006 Lausanne
Tel.: +41 (21) 6133333
Fax: +41 (21) 6133334
info@brp.ch
www.brp.ch

Zimmeranzahl
169 Zimmer, davon 33 Suiten

Spa-Schwerpunkte
Tropischer Regen „Promenade Pluie Tropicale", VIP-Privatsuite „Felicité à Deux" mit Dampfbad und Privatgarten

Umgebung
Shopping, Oper, Theater und Ballett Béjart, Jazzfestival in Montreux, sämtliche Wasser- und Wintersportarten; von Lausanne sind es nur 35 Minuten nach Genf oder mit dem TGV 3 Stunden 40 Minuten nach Paris

Carpe Diem-Weekend
3 Tage / 2 Nächte
DZ inkl. Frühstück
1 Willkommenschampagner
1 Mittagessen auf der Spa-Terrasse, täglich ein erfrischender Cocktail
2-tägiges Spa-Programm mit 5 Behandlungen zur Auswahl: Séjour Taoïste de Chine, Expérience du Spa, Rituel de félicité à deux
Preis: ab € 642,– pro Person

Klassik trifft auf Moderne, Eleganz auf Entspannung: Das Beau-Rivage Palace in Lausanne thront in einem vier Hektar großen Park direkt am Nordufer des Genfersees. Ehrfürchtig betritt man die Halle, taucht ein in eine längst vergangene Zeit, als Prunk noch ein Ausdruck von Luxus und kühles Design noch nicht erfunden war. Die Zimmer sind majestätisch, die Restaurants und Säle beeindrucken mit ihrer Großzügigkeit. In den Bann dieser Nostalgie ließen sich u. a. Victor Hugo, Charlie Chaplin, Coco Chanel oder Gary Cooper ziehen.

Umso mehr überrascht der Blick in das neu gestaltete „Cinq Mondes Spa" des Hotels: dunkelbraunes Holz, schwarzer Granit und weißes Porzellan, in klaren Linien zu einem harmonischen Ganzen zusammengeführt. Die Idee des angebotenen Behandlungsmix liegt in der Varietät der fünf Kontinente: So führen zum Beispiel japanische Massagetechniken, europäische Saunawelten und afrikanische Wassertherapien zu einem Rundum-Wohlfühlerlebnis. Die dabei angewandte High-End-Kosmetik besteht aus rein pflanzlichen Zutaten. Sechs private Behandlungsräume, drei exklusive Tages-Spa-Suiten und die großzügigen Schwimmbäder machen Lust aufs Schön- und Entspanntwerden. Weil aber zur vollkommenen Entspannung immer gutes Essen gehört, sei das Restaurant „Rotonde" als Glanzlicht erwähnt: Es verbindet nicht nur die beiden Hotelflügel Beau-Rivage und Palace miteinander, sondern auch perfekten Service mit extravaganter Küchenleistung.

Schweiz

Carpe Diem-Fazit
Eine Residenz der Extraklasse, mit einer luxuriösen Entspannungsoase, in der man auf der Stelle alle Sorgen des Alltags hinter sich lässt. Auch kulinarisch ein Hochgenuss.

★★★★★

Lenkerhof Alpine Resort

„Unser Hotel ist die Kulisse für Ihre Wellness-Träume. Ein 5-Sterne-Resort, in dem Prunk absolut überflüssig, Luxus unbedingt notwendig ist."

Lenkerhof Alpine Resort
(1.100 m)
Dir. Daniel & Daniela Borter
CH-3775 Lenk
Tel.: +41 (33) 7363636
Fax: +41 (33) 7363637
welcome@lenkerhof.ch
www.lenkerhof.ch

Zimmeranzahl
82 Zimmer, davon 7 Suiten

Spa-Schwerpunkte
Aveda-Therapie, La Stone-Therapie, Lomi Lomi Nui, San Shui-Behandlung, Thalasso, Coiffeur

Umgebung
Die einmalige Naturkulisse am Ende des Simmentals bietet alles, was einen perfekten Urlaubsort ausmacht: mächtige Berge, riesige Gletscher, klare Gebirgsbäche und sprudelnde Wasserfälle; im Winter: Langlaufen, Alpinski und Snowboarden; im Sommer: Mountainbiken und Wandern

Carpe Diem-Weekend
3 Tage / 2 Nächte
DZ inkl. Frühstücksbuffet und Gourmet-Dinner
1 Salt Glow Polish
1 vitalisierendes Körperpeeling
1 Elemental Nature Body Massage
1 Elemental Nature Facial (90 Min.)
1 Revitalising Eye Zone Treatment
Preis: € 945,– pro Person

Das Lenkerhof Alpine Resort im Berner Oberland ist das jugendlichste 5-Sterne-Hotel der Schweiz und erhebt zu Recht den Anspruch, außergewöhnlich zu sein. „Neu allein genügt uns nicht", so der Leitspruch des Eigentümers Jürg Opprecht, der 30 Millionen Schweizer Franken investierte, um aus dem 350 Jahre alten Kurbad einen modernen Luxustempel zu machen. Seit Dezember 2002 erstrahlt das Lenkerhof Alpine Resort in neuem Glanz, der ihm bereits einige Auszeichnungen einbrachte.

Die Zimmer und Suiten sind in hellen und warmen Farbtönen gehalten, die anspruchsvolle Architektur bewegt sich zwischen Moderne und Nostalgie. Für die kulinarischen Genüsse zeichnet der Berner Top-Küchenchef Urs Gschwend verantwortlich, täglich stehen 14 neue Gerichte auf der Speisekarte.

Als ganzheitliches Wellness-Hotel bietet das Lenkerhof Alpine Resort in allen Belangen Genuss auf höchstem Niveau. So ist das „7 sources beauty & spa" Luxus pur auf 2.000 m² und gehört zu den größten und schönsten Wohlfühllandschaften in der Schweiz. Herzstück ist das kristallklare Schwefelwasser aus der hauseigenen Quelle, das auf 35 °C erwärmt wird und in den großzügigen Außenpool fließt. Crystal-Bad, Steinölsauna oder Schwefelgrotte sind nur einige der vielen Wellness-Bereiche, die hier zum Relaxen einladen. Erstklassig ausgebildete Masseure und Therapeuten kümmern sich um das Wohlergehen der Gäste mit exklusiven Anwendungen von Aveda, St Barth und Algotherm.

Schweiz

Carpe Diem-Fazit

Großzügig und luxuriös gestalteter Spa-Bereich mit eigener Quelle. Dazu überaus freundliches, perfekt ausgebildetes Personal und ein exklusives Beauty-Programm.

★★★★★

Palace Luzern

„Luzern ist keine Stadt: Luzern ist Leben, Erlebnis und Kultur. Und mittendrin das Palace: ein Ort zum Ausspannen, zum Genießen und zum Auftanken der Kräfte…"

Palace Luzern
(480 m)
Dir. Andrea Jörger
CH-6002 Luzern
Tel.: +41 (41) 4161616
Fax: +41 (41) 4161000
info@palace-luzern.ch
www.palace-luzern.ch

Zimmeranzahl
136 Zimmer, davon 57 Suiten

Spa-Schwerpunkte
ESPA Body & Face Treatment, Aromatherapie, Hot Stone-Behandlungen, ayurvedisch inspirierte Behandlungen, Erlebnisdusche, Eisbrunnen, Private Spa (luxuriöses Entspannen für zwei Personen)

Umgebung
In Luzern: Picassomuseum, Kunstsammlung Rosengart, Kultur- und Kongresszentrum, Gletschergarten, Dampfschifffahrt am See, Seebad, Löwendenkmal „Der sterbende Löwe von Luzern"; außerhalb: Golf, Tauchen, Wandern am Stanserhorn, Nordic Walking, Reiten, Mountainbiking

Carpe Diem-Weekend
3 Tage / 2 Nächte
DZ inkl. Frühstück
1 Abendessen
1 Padabhyanga
1 Muscle Relaxer Bodywrap
1 Entspannungsmassage
Preis: ab € 628,– pro Person

Die harmonische Komposition aus Formen, Farben und kultiviertem Ambiente des Hotels Palace Luzern wird nur noch von einem übertroffen: dem atemberaubenden Blick aus dem Fenster. So steht's im Prospekt, und das stimmt. Die Residenz liegt direkt an der Uferpromenade des Vierwaldstättersees und nur fünf Minuten von der Luzerner Altstadt entfernt. Das Fünf-Sterne-Haus blickt auf eine jahrhundertealte Tradition zurück und verwöhnt seine Gäste mit einer großen Portion Schweizer Gastfreundschaft – Eleganz und Luxus inklusive.

So kümmert sich ein eigener „Freizeitdesigner" um Reservierungen in den drei Restaurants „Jasper", „Le Maritime" und „Les Artistes", organisiert Ausflüge sowie Tickets für Kulturevents und hat Tipps fürs Luzerner Nachtleben parat. Dazu weiht er den Erholung suchenden Urlauber in die Geheimnisse und Möglichkeiten des 800 m² großen „Palace Spa" ein.

Sechs Behandlungsräume, nach Geschlecht getrennte Spa-Zonen mit Sauna, Dampfbad, Erlebnisdusche, Eisbrunnen, Fitnessraum und Ruheraum lassen Stress in Sekundenschnelle verschwinden.

Ein besonderer Luxus: das „Private Spa" auf der vierten Etage des Hotelturms – mit allen Wellness-Einrichtungen, Blütenpool und herrlichem Blick über den See genau das Richtige, um zu zweit auszuspannen. Das Spa-Know-how liefert ESPA aus London. Das bedeutet: höchste Wellnesskompetenz für höchste Ansprüche in einem höchst erfreulichen Wohlfühl-Palace.

Schweiz

Carpe Diem-Fazit
Residenz in perfekter Lage mit 100-jähriger Geschichte. Exzellent: das neue „Palace Spa" mit 800 m² und das Private Spa mit Pool und Panoramablick.

Wellness & Spa Hotel Beatus

„Wir machen das Gewöhnliche ungewöhnlich! Mit einem liebevollen Mix aus Gastfreundschaft, Landhaus-Atmosphäre, modernem Komfort und Wohlfühl-Angebot."

Wellness & Spa Hotel Beatus
(560 m)
Dir. Peter Mennig
CH-3658 Merligen/Thunersee
Tel.: +41 (33) 2528181
Fax: +41 (33) 2513676
info@beatus.ch
www.beatus.ch

Zimmeranzahl
75 Zimmer, davon 4 Suiten

Spa-Schwerpunkte
Erlebnis-Frei-Solbad (35 °C), Sporthallenbad (29 °C), Sauna-Park mit 7 Saunen, Beautycenter, Moorbehandlungen, Personal Coaching

Umgebung
Im Sommer: Wanderungen, Segeln und Wasserskifahren auf dem Thunersee, 4 Golfplätze in 20 km Umkreis, Ausflüge in die beeindruckende Beatus-Höhlenwelt, den Mysterypark, das Freilichtmuseum Ballenberg oder die Sternwarte Sirius; im Winter: Skifahren und Langlaufen

Carpe Diem-Weekend
4 Tage / 3 Nächte
DZ oder EZ inkl. Verwöhnhalbpension
1 Kräuterpackung mit Relax Royal
1 Vitalmassage (25 Min.)
Freier Eintritt ins Sporthallenbad, Erlebnis-Frei-Solbad & Saunapark
Preis: ab € 327,– pro Person

Wünscht sich das nicht jeder: ein Ferienparadies, wo Alltag, Stress und Sorgen in weite Ferne rücken. Wo man sich einfach zurücklehnen, genießen und verwöhnen lassen kann!
Willkommen an der Riviera des Berner Oberlandes, direkt am Thunersee mitten im lieblichen Merligen. Hier liegt das Ferienparadies Beatus mit seinem wunderschönen, 12.000 m² großen Park. Gemütliche Liegen laden zum Schlummern, lauschige Wege zum Schlendern ein. Ein wirklich feines Plätzchen, um die Seele baumeln zu lassen.
Wer darüber hinaus auch seinen Körper verwöhnen will, ist mit einem Aufenthalt im Wellness- und Spa-Bereich gut beraten. Die Wellness-Philosophie des Sechs-Säulen-Prinzips basiert auf der Ausgewogenheit von Wasser, Wärme, Bewegung, Ernährung, Beauty und Entspannung. Besonders empfehlenswert: ein Besuch der Blütensauna mit Kräuteressenzen, der Solegrotte mit Lichtspielen und des Beautycenters mit den Produkten von Maria Galland Paris und Pharmos Aloe Vera.
Apropos Angebot: Auch die kulinarischen Highlights können sich sehen lassen! Tag für Tag zaubert der Küchenchef mit seinem Team für das Wellness & Spa Hotel Beatus eine leichte und marktfrische Schweizer Küche mit mediterranem Einfluss. Ein Muss für Fisch-Fans sind die frisch gefangenen Felchen aus dem Thunersee!
Und wenn es nach der Hausphilosophie geht: Kommen Sie als Gast und gehen als Freund!

Carpe Diem-Fazit
Toplage direkt am Thunersee inmitten einer wunderbaren Parklandschaft. Dazu ein umfangreiches Wellbeing-Angebot, ausgezeichnete Gastronomie und traumhafte Zimmer und Suiten.

Schweiz

Le Mirador Kempinski

„Tauchen Sie ein in eine stressfreie Welt, in der die Zeit stillsteht und die Schönheit der Umgebung zum Loslassen verführt."

Le Mirador Kempinski
(800 m)
Dir. Eric Favre
CH-1801 Mont-Pèlerin
Tel.: +41 (21) 9251111
Fax: +41 (21) 9251112
reception@mirador.ch
www.mirador.ch

Zimmeranzahl
74 Zimmer, davon 8 Suiten

Spa-Schwerpunkte
Aromatherapie, La Stone-Therapie, Lomi Lomi Nui, Hamam, Personal Coaching, Hydro-Therapie, Yoga

Umgebung
Das Freizeitangebot rund um den Genfersee ist abwechslungsreich und für viele Sportarten geeignet; kulturelle Highlights: die mittelalterlichen Städte Yvoire und Lutry, das Uhren- und das Automobilmuseum in Genf, das Wasserschloss Chillon, eine Fahrt mit der Minidampflok durch den Swiss Vapeur Parc (Le Bouveret), das Pferdemuseum im Schloss La Sarraz, das Schloss Nyon

Carpe Diem-Weekend
3 Tage / 2 Nächte
DZ inkl. Frühstücksbuffet und Halbpension
wahlweise 1 Spa-Behandlung pro Tag (à maximal €78,–)
Preis: ab €487,– pro Person

Das bereits 1904 als Wellness-Resort erbaute Le Mirador Kempinski hat immer den Geist dieses ursprünglichen Zwecks beibehalten. Entspannung ist das Leitmotiv des Hotels, in dem die Atmosphäre eines eleganten Landsitzes herrscht. Die drei Restaurants überraschen mit eigenem Stil und bieten für jede Stimmung das passende Ambiente: „Le Trianon" verwöhnt mit moderner französischer Küche, „Le Patio" ist eine mediterrane Brasserie, und im „Au Chalet" werden Schweizer Spezialitäten serviert. In der „Piano Bar" erwarten die Gäste mehr als 70 verschiedene Champagnersorten, die einen in prickelnde Laune versetzen.

Für Wellness sorgt im Mirador das „Givenchy Spa", das mit modernen Behandlungen auf Entspannung von Körper und Geist sowie auf die Erhaltung der Jugend zielt. Das Angebot: Schlankheitsmassage, Lomi Lomi Nui, Aromatherapie, spezielle Körperpackungen und zahlreiche Beauty-Anwendungen. Wer Kraft, Beweglichkeit und Ausdauer verbessern möchte, findet im Fitnesscenter die beste Ausstattung samt Personal Coaching. Außerdem findet man hier auch das „Centre Medical Mirador", das unter anderem eine biomolekulare Vitalisierungskur anbietet. Dieses einwöchige Therapieprogramm aktiviert bioenergetisch den Stoffwechsel und die Lebensfunktionen und schützt vor dem gefürchteten Burn-out-Syndrom. Ein hauseigener Zahnarzt sowie das „Centre Cambuzat", spezialisiert auf gewichtsreduzierende Programme, runden das Angebot ab.

Zürich 205 km
Bern 84 km
Genf 86 km

Schweiz

Carpe Diem-Fazit
„A magic Place" – besser kann man es gar nicht beschreiben. Der Blick von der Hotelterrasse ist vermutlich der schönste am ganzen Genfersee. Geniales Fitness- und Freizeitangebot.

★★★★★

Raffles Le Montreux Palace

„Luxus, Eleganz und Erlesenheit – die Gäste werden mit einer Mixtur aus Exquisitem, Ausgefallenem und Schönem verwöhnt."

Raffles Le Montreux Palace
(450 m)
Dir. Michael Smithuis
CH-1820 Montreux
Tel.: +41 (21) 9621004
Fax: +41 (21) 9621009
emailus.montreux@raffles.com
www.montreux-palace.com

Zimmeranzahl
235 Zimmer, davon 50 Suiten

Spa-Schwerpunkte
Aqua-Massagen, Hot Stone Facial, Hamam, Yoga, Tai Chi, Thalasso

Umgebung
In der Region um Montreux ist Langeweile ein Fremdwort. Allein die Lage direkt am Genfer See und die unmittelbare Nähe der Alpen ist für sämtliche Sportarten attraktiv. Interessante Ausflüge: das Schloss Chillon, Heißluftballonfahrten oder Helikopterflüge, eine Zahnradbahnfahrt auf den Gletscher Les Diablerets; Highlight in Montreux: die Uferpromenade mit Blick auf das Massiv des Grammont und den Zacken des Dent du Midi.

Carpe Diem-Weekend
3 Tage / 2 Nächte
DZ inkl. Frühstücksbuffet und leichtem 4-Gang-Abendessen
1 Jugendelixier-Behandlung
Preis: € 690,– pro Person

Im Zentrum von Montreux am Genfer See befindet sich das 1906 erbaute Hotel Raffles Le Montreux Palace. Das Belle-Epoque-Gebäude bietet ein einzigartiges Ambiente, das Tradition mit Eleganz vereint. 2002 wurde die Anlage um den 2.000 m² großen „Amrita Wellness"-Bereich erweitert, und seither genießen die Gäste auch die Vorzüge eines exquisiten Wellness-Hotels.

Mit vier erstklassigen Restaurants, zwei gemütlichen Bars und einem Nachtclub offeriert das Palace-Hotel seinen Gästen ein abwechslungsreiches Gastronomie- und Unterhaltungsprogramm. Sämtliche Zimmer und Suiten sind äußerst geschmackvoll und großzügig eingerichtet sowie mit allem nur erdenklichen technischen Komfort ausgestattet.

Das Wellness-Zentrum „Amrita" befindet sich mitten im Garten des Hotels mit traumhaftem Blick auf die idyllische Kulisse der Berge und des Genfer Sees. Dazu punktet es mit einer exklusiven Kombination aus Behandlungen, Fitness, Erholung und Ernährung. Das Spa verfügt über einen Außen- und einen Innenpool sowie zwei separate Nassbereiche (Herren und Damen getrennt), die jeweils mit Sauna, Kaltbad, Hamam und Jacuzzi ausgestattet sind. Der 300 m² große Fitnessbereich ist mit modernen kardiovaskulären Geräten und einem Aerobicraum ausgerüstet, wo Yoga-, Qigong- und Tai Chi-Kurse angeboten werden. Für sämtliche Anwendungen werden ausschließlich Naturprodukte von der Amrita- bzw. Kerstin-Florian-Linie verwendet.

Carpe Diem-Fazit
Eine exquisite Wellness-Residenz in Toplage am Genfer See mit geschmackvoll eingerichteten, großzügigen Zimmern und Suiten sowie einer erstklassigen Gastronomie.

Schweiz

Ferienart Resort & Spa

„Abschalten, durchatmen, entspannen und erleben – die hohe Kunst des Ferienmachens ist hier zu Hause."

Ferienart Resort & Spa
(1.800 m)
Familie Anthamatten-Zurbriggen
CH-3906 Saas-Fee
Tel.: +41 (27) 9581900
Fax: +41 (27) 9581905
info@ferienart.ch
www.ferienart.ch

Zimmeranzahl
83 Zimmer, davon 6 Suiten

Spa-Schwerpunkte
Schokobad, Thai-Massage, Pantai Luar, Ayurveda, Speeding, Bodyforming, Bodyplate, Ergoline Solarium, Alpienne-Behandlungen

Umgebung
Das Gletscherdorf Saas-Fee wird die Perle der Alpen genannt und befindet sich auf 1.800 Metern in einem gesundheitsfördernden Höhenreizklima; das ganze Jahr über genießen die Gäste des Hotels eine traumhafte alpine Berg- und Gletscherwelt mit vielen Freizeitmöglichkeiten: ganzjähriges Skigebiet, Tennisplätze, 9-Loch-Golfplatz

Carpe Diem-Weekend
3 Tage / 2 Nächte
DZ inkl. Champagner-Frühstücksbuffet und ¾-Pension
1 Aromaölmassage
1 Gesichtsbehandlung A.N.S.
– „seidige Haut durch die Kraft der Traube"
Preis: ab € 410,– pro Person

Mitten im autofreien, romantischen Schweizer Dorf Saas-Fee, umgeben von einer atemberaubenden Berglandschaft, liegt das innovative Hotel Ferienart Resort & Spa. Hier werden die Gäste „Ferienartisten" genannt und nach allen Regeln der Kunst „ferienartig" verwöhnt. Die Räumlichkeiten variieren von gemütlich-rustikal bis modern und luxuriös, der Service ist um höchste Qualität bemüht.

Vielfältig und abwechslungsreich ist das kulinarische Angebot. Nicht weniger als fünf Restaurants stehen den Gästen zur Verfügung: Das „Cäsar Ritz" bietet täglich ein sechsgängiges Gourmetmenü, im „Del Ponte" wird man nach italienischer Art verwöhnt, das „Le Mandarin" überrascht mit asiatischen Spezialitäten, im „Vernissage" entdeckt man eine kreative Kräuterküche, und im „Papalagi" genießt man Karibik-Feeling innerhalb der Wellness-Oase.

Das „Paradia SPA" steht den Ferienartisten mit Erlebnispool, Felsenwhirlpool, diversen Saunen, Dampfbädern und warmen Thermen zur Verfügung. Eine abwechslungsreiche Palette an auserlesenen Behandlungen und Therapien runden das Wellness-Angebot ab, wie z. B. Thai-Massagen, Pantai Luar, Ayurveda, Hot-Stone-Therapien, Wohlfühlbäder wie etwa Walliser Heubad oder Heida-Weintrester-Peeling. Wer es lieber aktiver mag, profitiert vom Fitnesscenter mit professioneller Betreuung oder von der über 600 m² großen Indoorsporthalle „Rainbow", wo Badminton, Basketball und Hallenfußball gespielt werden können.

Carpe Diem-Fazit
Wer Ferien vom Alltag, vom Auto und von der Arbeit sucht, ist hier richtig. Neben dem Wellness-Angebot ist für eine Vielzahl an sportlichen Aktivitäten gesorgt.

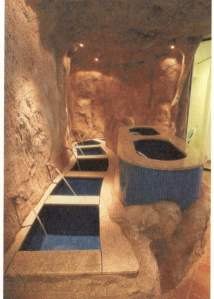

Schweiz

★★★★ *superior*

Wellness Hotel Chasa Montana

„Perfektion besteht aus vielen Details, aber Perfektion ist kein Detail. Dieser Spruch stammt zwar von Leonardo da Vinci – trifft aber genau unsere Philosophie!"

Wellness Hotel Chasa Montana
(1.840 m)
Familie Eliane und Hubert Zegg
CH-7563 Samnaun
Tel.: +41 (81) 8619000
Fax: +41 (81) 8619002
info@hotelchasamontana.ch
www.hotelchasamontana.ch

Zimmeranzahl
52 Zimmer, davon 11 Suiten

Spa-Schwerpunkte
Massagen, Gesichts- und Körperbehandlungen mit Produkten von Sisley und Ligne St Barth

Umgebung
Im Winter: Skifahren und Snowboarden im größten Skigebiet der Ostalpen (250 km Pisten), Langlaufen, Rodeln und Schneeschuhwandern; im Sommer: Wandern sowie Bergtouren, Biken und Kneippen; plus: zollfrei einkaufen in den exklusiven Geschäften bei Zegg in Samnaun

Carpe Diem-Weekend
3 Tage / 2 Nächte
DZ inkl. Frühstücksbuffet und Abendwahlmenü
1 Sisley-Gesichtsbehandlung
1 Handmaske und Handmassage
1 klassische Teilmassage
1 3-D-Complex-Behandlung für die Haare
Preis: ab € 315,– pro Person

Ein Detail ist nur eine kleine Sache, macht aber oft den großen Unterschied aus. So zum Beispiel im Wellness Hotel Chasa Montana. Hier wird in der Küche, beim Service, in den Zimmern, bei der Ausstattung, an der Rezeption und im Wellness-Bereich alles getan, bis auch das kleinste Detail eine perfekte Harmonie mit den Gästen und der Natur eingegangen ist.
Apropos Natur: Das im Chalet-Stil erbaute Hotel liegt in ruhiger Lage mitten im Ortszentrum. Von hier taucht man direkt in die herrliche Silvretta-Arena Samnaun-Ischgl ein.
Eintauchen kann man im Chasa Montana auch in das großzügige, im römischen Stil gestaltete Hallenbad. Wer lieber ins Schwitzen kommt, nutzt entweder eine der zahlreichen Saunen oder das 150 m² große Fitnesscenter. Was man danach braucht, ist wohl sonnenklar: ein exklusives Beauty-Treatment mit Produkten von Ligne St Barth oder Sisley, eine wohltuende Massage oder einen Besuch beim hauseigenen Friseur „La Coupe".
Allabendlich sorgt dann Küchenchef und Haubenkoch Josef Siess mit seinen 16 Mitarbeitern dafür, dass eine Symbiose aus Gourmet-, Wellness-, regionalen und mediterranen Gerichten perfekt auf den Teller gebracht wird. Die exzellente Weinbegleitung wird von Sommelier Daniel Eisner, Herr über die edlen Flaschen im hauseigenen Weinkeller, zusammengestellt. Den Schlummertrunk nimmt man an der Hotelbar, wo Barkeeper Alexander die Gäste mit erfrischenden Cocktails und feinen Zigarren verwöhnt!

Carpe Diem-Fazit

Hier lässt man den Alltag locker hinter sich. Das in biologischer Bauweise errichtete Haus verspricht jeden Komfort, die herzliche und kompetente Crew sorgt für das Wohlbefinden der Gäste.

★★★★★

Kulm Hotel

*„Wir feiern heuer das 150-Jahr-Jubiläum.
Das Motto seit Beginn: Wir erfüllen jeden Gästewunsch –
auch den, der nicht mit Geld zu kaufen ist!"*

Kulm Hotel St. Moritz
(1.850 m)
Dir. Dominique Nicolas Godat
CH-7500 St. Moritz
Tel.: +41 (81) 8368000
Fax: +41 (81) 8368001
info@kulmhotel-stmoritz.ch
www.kulmhotel-stmoritz.ch

Zimmeranzahl
173 Zimmer, davon 36 Suiten

Spa-Schwerpunkte
Alpha-Liege, Infrarotkabine, kosmetische Hautanalyse, Dampfbad, Sauna, Caldarium, Kokospeeling, Honig-Zucker-Peeling, Salz-Öl-Peeling

Umgebung
Shopping in St. Moritz, Ausflüge ins Benediktinerinnenkloster St. Johann in Müstair; im Winter: Skifahren, Langlaufen, Eislaufen, Curling, Gletscherführungen; im Sommer: Tennis, eigener 9-Loch-Golfplatz, Golf-Academy, Biken und geführte Geologie- und Botanik-Wanderungen

Carpe Diem-Weekend
3 Tage / 2 Nächte
DZ inkl. Frühstücksbuffet und Halbpension
1 klassisch-individuelle Gesichtspflege von Carita
1 Honig-Rohrzucker-Peeling
1 Aromaölmassage (45 Min.)
Preis: ab € 566,– pro Person

Mitten in der majestätischen Bergwelt des Oberengadins gelegen, begrüßt das Kulm Hotel seit 150 Jahren Gäste aus aller Welt. Wer hier urlaubt, findet eine einzigartige Atmosphäre aus Tradition (seit 1856) und luxuriöser Eleganz, großzügigen Zimmern, meisterlicher Kulinarik und herzlicher Gastlichkeit vor. Allem voran steht das Servicemotto „Whatever you like" – sprich: Jeder Wunsch wird erfüllt.
So auch im 1.400 m² großen „Panorama SPA", wo man sich wohltuenden Massagen, naturreinen Peelings, entspannenden Körperwickeln oder Thalasso-Anwendungen hingeben kann.
Mit Champ Health & Fitness® wird ein komplexes Programm an Gesundheitssportaktivitäten angeboten, das mit gezielten sportpädagogischen Maßnahmen dazu beiträgt, die negativen Folgen des Lebensstils, einer stressbetonten Arbeitswelt sowie des Freizeitverhaltens zu kontrollieren und/oder zu kompensieren.
Auch für Gourmets hat das Kulm Hotel mit mehreren Restaurants Besonderes zu bieten: Köstliche À-la-carte-Gerichte gibt es im eleganten „Grand Restaurant", Fans der französischen Küche kommen in der „Rôtisserie des Chevaliers" auf ihre Kosten. „The Pizzeria" punktet mit italienischen Speisen und traditionelle Schweizer Spezialitäten bietet das urige „Chesa al Parc".
Eine wahre Legende ist die „Sunny Bar" – seit Jahrzehnten ein beliebter Treffpunkt für die internationale High Society und die tollkühnen Piloten des Cresta Run.

Zürich 203 km
Bregenz 171 km
Bern 323 km

Schweiz

Carpe Diem-Fazit
Allein der Blick auf die Schweizer Berge verspricht Erholung pur. Dazu ausgezeichnete Wellbeing-Angebote und ein äußerst zuvorkommender Service.

★★★★★

Park Hotel Vitznau

„Hier verbindet sich das geschmackvolle Ambiente mit perfektem Service, anspruchsvoller Gastronomie und der privilegierten Lage an der Luzerner Riviera."

Park Hotel Vitznau
(434 m)
Dir. Thomas Kleber
CH-6354 Vitznau
Tel.: +41 (41) 3996060
Fax: +41 (41) 3996070
info@parkhotel-vitznau.ch
www.parkhotel-vitznau.ch

Zimmeranzahl
101 Zimmer, davon 32 Suiten

Spa-Schwerpunkte
Tibetische Klangmassage, Meridianmassage, Chakra-Balancing, Taitibe, Phytotherapie, La Stone-Therapie, Reiki, Lomi Lomi Nui, Ayurveda Abhyanga

Umgebung
Nur wenige hundert Meter vom Hotel entfernt befindet sich die Rigibahn – die erste Zahnradbahn Europas; weitere Sehenswürdigkeiten: Festung Mühlefluh Vitznau, Natur- und Tierpark Goldau, Kloster Einsiedeln; für eine aktive Freizeitgestaltung: hoteleigene Motorboote zum Wasserskifahren, hoteleigene Fahrräder und über 100 km autofreie Wanderwege

Carpe Diem-Weekend
3 Tage / 2 Nächte
DZ inkl. Frühstücksbuffet
1 Willkommenscocktail
1 Ganzkörpermassage oder
1 Gesichtsbehandlung
2 Dinners
Preis: ab € 476,– pro Person

Seit mehr als 100 Jahren genießen Gäste aus aller Welt die einzigartige Lage und Atmosphäre des Park Hotels in Vitznau. Nur eine halbe Autostunde von Luzern entfernt, eingebettet zwischen der Rigi – der „Königin der Berge" – und dem Vierwaldstättersee, liegt der Belle-Epoque-Bau mit den grandiosen Panoramafenstern und dem hoteleigenen Schiffsanlegeplatz. Komfort, Eleganz und viel Liebe zum Detail zeichnen das Hotel aus, das sich seit 1980 im Besitz der Familie Oetker befindet. Ein Märchenschloss direkt am Ufer des Sees, das nicht nur Ausgangspunkt, sondern Mittelpunkt seiner Umgebung ist.

Die luxuriösen Zimmer und Suiten erfüllen die höchsten Ansprüche und sind mit modernsten Telekommunikationsanlagen ausgestattet. Den einmaligen Blick auf die Weiten des smaragdgrünen Sees sowie die Unterwaldner und Urner Alpen genießt man am besten im von Gault Millau ausgezeichneten Spitzenrestaurant „Quatre Cantons", das mit seiner innovativ-mediterranen Gourmetküche lockt.

Wer Entspannung und Ruhe sucht, lässt sich im exklusiven „Beauty & Sportive Spa" verwöhnen: Beauty-Anwendungen mit hochwertigen Produkten von Kanebo, Chris Farrell und Phytomer, traditionelle und fernöstliche Massagen wie Ayurveda Abhyanga oder Lomi Lomi Nui, sowie Hatha Yoga und Tai Chi Che. Ein Hallen- und Freiluftschwimmbad, Sauna, Solarium, Fitnesscenter und Tennisplätze runden das Wellness-Angebot im noblen Park Hotel Vitznau ab.

Carpe Diem-Fazit
Modernes Märchenschloss in genialer Lage direkt am See. Umfangreiches traditionelles und fernöstliches Spa-Angebot sowie kompetentes Personal sorgen für ein Rundum-Wohlfühlerlebnis.

Schweiz

CARPE DIEM® 75

⭐⭐⭐⭐⭐

Park Hotel Weggis

„Leben in Balance und die einzigartigen Bedürfnisse des Körpers spüren – bei der Sparkling-Wellness-Experience verfliegt Stress und gewinnt Zeit eine andere Dimension."

Park Hotel Weggis
(434 m)
Dir. Peter Kämpfer
CH-6353 Weggis
Tel.: +41 (41) 3920505
Fax: +41 (41) 3920528
info@phw.ch
www.phw.ch

Zimmeranzahl
43 Zimmer, davon 9 Suiten

Spa-Schwerpunkte
Körperpeeling, warme Kräuterstempel-Massage, Thai-Yoga & Intuitiv-Sensitiv-Massage, Seifenbürstenbehandlung, La Stone-Therapie, Lomi Lomi

Umgebung
Das kleine Ferienparadies am Vierwaldstättersee ist ein idealer Ausgangspunkt für Wanderungen in die Berge und für kulturelle Ausflüge; Highlights: die Gipfel Rigi und Pilatus, der Tierpark Goldau, die Höllgrotten-Höhlen, die Stadt Luzern

Carpe Diem-Weekend
3 Tage / 2 Nächte
DZ inkl. Halbpension
1 Obsidiana-Edelstein
(Hot Stone)-Massage (75 Min.)
1 Kanebo-Gesichtsbehandlung (105 Min.)
3 Stunden privates Spa-Cottage
Preis: ab € 751,– pro Person

Direkt am Vierwaldstättersee liegt das Relais & Châteaux Park Hotel Weggis, das über den Luxus eines privaten Seezugangs und einer eigenen Bootsanlegestelle verfügt. Das Haupthaus und der so genannte Schlössli-Trakt sind Jugendstilbauten, deren Totalrenovierung samt Ausbau 2001 abgeschlossen wurde. Ein Jahr später eröffnete zusätzlich der Fest- und Seminarsaal „Aquarius Hall", die Wellness-Anlage „Sparkling Wellness" und der „Japanische Meditationsgarten".

Individualität, Zurückgezogenheit und Stille sind die Werte, auf denen das Konzept von „Sparkling Wellness" beruht. Mit sechs großzügigen Spa-Cottages, jeweils 70 m² groß, wird hier dem Trend zu gigantischen Wellness-Anlagen entgegengewirkt. In einem sehr persönlichen Rahmen können die Cottages für maximal vier Personen gebucht werden. Die Ausstattung: Whirlpool oder Stille Wanne, Sauna, Dampfbad, Kneippbrunnen, Erlebnisdusche und Ruhezone mit Wasserbett. „Treatments" werden die Anwendungen hier genannt – ein Team aus kompetenten Therapeuten und Kosmetikern verwöhnt die Gäste. Das Angebot reicht von den klassischen Massagen bis hin zu außergewöhnlichen exotischen Ritualen (z. B. Thai-Yoga-Massage). Sämtliche Beauty-Treatments werden mit den exklusiven Spa-Produkten von St Barth und Kanebo durchgeführt. Ab Sommer 2007 wird der Wellnessbereich um einen exquisiten asiatischen Badetempel mit zwei Relaxzonen erweitert.

Carpe Diem-Fazit
Glamourös ausgestattetes Jugendstilhaus in toller Lage direkt am See. Exklusives Spa-Vergnügen mit vielen hochwertigen Treatments.

Schweiz

CARPE DIEM 77

Wellbeing-Hotels Österreich

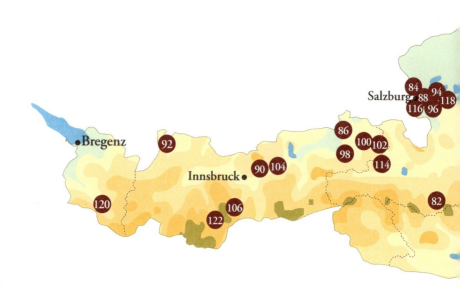

80	Hotel Schloss Weikersdorf	Baden bei Wien
82	Hoteldorf Grüner Baum	Bad Gastein
84	Hotel Gmachl	Bergheim
86	Hotel Kaiserhof	Ellmau
88	Ebner's Waldhof am See	Fuschl am See
90	Alpen Hotel Speckbacher Hof	Gnadenwald
92	Hotel ...liebes Rot-Flüh	Haldensee
94	ArabellaSheraton Hotel Jagdhof	Hof bei Salzburg
96	Hotel Schloss Fuschl	Hof bei Salzburg
98	Hotel Elisabeth	Kirchberg in Tirol
100	Grand SPA Resort A-ROSA Kitzbühel (Wellbeing-Hotel 2006)	Kitzbühel
102	Hotel Schwarzer Adler	Kitzbühel
104	Wellness Residenz Alpenrose	Maurach
106	Sporthotel Neustift	Neustift im Stubaital

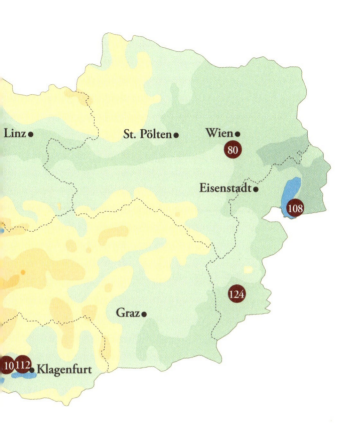

108	VILA VITA Hotel und Feriendorf Pannonia	Pamhagen
110	Hotel Schloss Seefels (Wellbeing-Hotel 2004)	Pörtschach/Wörthersee
112	Parkhotel Pörtschach	Pörtschach/Wörthersee
114	Gartenhotel Theresia	Saalbach-Hinterglemm
116	Hotel Kobenzl	Salzburg
118	Romantikhotel Im Weissen Rössl	St. Wolfgang/Salzkammergut
120	Genießerhotel Löwen (Wellbeing-Hotel 2005)	Schruns
122	Central Spa Hotel	Sölden
124	Balance Resort Stegersbach	Stegersbach
126	Hotel Warmbaderhof	Warmbad-Villach

Hotel Schloss Weikersdorf

„Die Welt vergessen, alles von sich abfallen lassen: Willkommen in Ihrer Oase des Wohlbefindens."

Hotel Schloss Weikersdorf Residenz & Spa
(228 m)
Dir. Michael Pohn
A-2500 Baden bei Wien
Tel.: +43 (2252) 48301-0
Fax: +43 (2252) 48301-150
weikersdorf@austria-hotels.at
www.hotelschlossweikersdorf.at

Zimmeranzahl
100 Zimmer, davon 16 Suiten

Spa-Schwerpunkte
Private Spas mit Wein- und Rosen-Ritualen, Eisbrunnen, Mühlbach, Spezialmassagen, Aquagymnastik, Qi Gong, Bio- und Finnsauna, Cardio-Center, Kosmetikbehandlungen mit Biovitis, Babor, Calvagni und Shiseido

Umgebung
Stadttheater, Sommerarena, Römertherme, Thermalstrandbad, Casino Baden, 10 Golfplätze in der näheren Umgebung, Ausflüge ins Helenental und in den südlichen Wienerwald, z. B. zur Allander Tropfsteinhöhle, der Hinterbrühler Seegrotte und zum Schloss Mayerling

Carpe Diem-Weekend
3 Tage / 2 Nächte
DZ inkl. Halbpension
1 Traubenkernpeeling
1 Balsam-Körpermassage
Preis: ab € 293,– pro Person

Baden bei Wien – das ist Wein, das ist Thermalwasser, das sind die Rosen im „Rosarium". Und mittendrin das Hotel Schloss Weikersdorf Residenz & Spa. 2004 wurden die Zimmer und allgemeinen Bereiche großzügig umgebaut und in ein helles, klares Design geführt, 2006 dann auch noch das 1.000 m² große Spa eröffnet. Hier kann man, hier soll man, hier wird man sich wohl fühlen. Besonders empfehlenswert: die privaten Spa-Suiten, die dem verwöhnten und ruhesuchenden Gast ganz alleine zur Verfügung stehen.

Die Schwerpunkte der Schönheitsbehandlungen liegen – ganz in der hedonistischen Tradition Badens verankert – in Wein- und Rosenanwendungen. Heilmittel also, die bereits in der Antike bekannt waren und die innere Schönheit nur allzu leicht nach außen kehren können. Dazu gibt es Spezialmassagen, Aquagymnastik, Pilates und Qi Gong im Angebot, oder man relaxt in der Biosauna samt anschließender Abkühlung im Eisbrunnen.

Das leichtlebige Flair des Renaissance-Schlosses aus dem 13. Jahrhundert ist ebenso anziehend wie der Charme Badens und seiner Umgebung. Entspannung nach ausgiebigen Wanderungen findet man im Hotel in der Lounge mit eigener Wasserbar oder im Wintergarten samt offenem Kamin. Im Sommer überquert man direkt vom Pool den Mühlbach, um auf einer geschützten Wiese beim Sonnenbad Energie zu tanken.

So fällt das Loslassen vom Alltäglichen leicht – in der Oase des Wohlbefindens.

Carpe Diem-Fazit
Garantiert schon rein optisch Wellbeing für alle Sinne. Tolles Lichtdesign im grandiosen Saunabereich und eine traumhafte Liegewiese mit alten Bäumen.

Österreich

★★★★

Hoteldorf Grüner Baum

„Alpine Wellness: Das heißt sich in, mit und durch die Natur wohl fühlen. Dafür stehen und danach leben wir."

Hoteldorf Grüner Baum
(1.060 m)
Familie Blumschein
A-5640 Bad Gastein
Tel.: +43 (6434) 2516-0
Fax: +43 (6434) 2516-25
urlaub@hoteldorf.com
www.hoteldorf.com

Zimmeranzahl
80 Zimmer, davon 20 Suiten

Spa-Schwerpunkte
Bodystyling, Hot Stone, Thalasso, Wassertherapien, Heilmassagen, Alpienne-Natur-Behandlungen, Shiseido-Beautyfarm, Heilstollen

Umgebung
Salzburg-Besuche, Eisriesenwelt, Oldtimer-Fahrt mit opulentem Picknick, Casino und Events in Bad Gastein, 18-Loch-Golfplatz (nur 2 km entfernt), Wandern und Nordic Walking in der unberührten Natur des Nationalparks Hohe Tauern, sämtliche Wintersportarten

---

Carpe Diem-Weekend
3 Tage / 2 Nächte inkl. Wellness-Halbpension
1 Alpienne-Ganzkörpermassage mit speziellen Alpin-Ölen
1 Alpienne-Harmoniebehandlung mit Kräuterfußbad, Massage und warmen Kräuterstempeln
Preis: ab € 323,– pro Person

Urlaub im Dorf – das allein klingt schon gut. Wenn dazu noch Fünf-Sterne-Service, modernste Wellnessangebote und 90 Jahre ehrliche Wirtstradition dazukommen, klingt das noch besser. Und so sind Sie auch schon bei der Familie Blumschein in Bad Gastein gelandet: im Hoteldorf Grüner Baum.
Bereits seit vier Generationen wird das Hotel, das zu den „Small Luxury Hotels of the World" gehört, von der Familie Blumschein in bewährter Qualität und mit viel Liebe zum Detail geführt. Wenn das noch nicht reicht, vertraut man einfach dem guten Gefühl, das sich sofort beim Betreten der heimeligen Dorfanlage gleich hinter Bad Gastein einstellt. Direkt am Nationalpark Hohe Tauern gelegen, schmiegen sich das Haupthaus im Ausseer-Stil und die gemütlich eingerichteten Gästehäuser in das Kötschachtal. Gleich daneben am Bach: das „Kösslerhaus" mit Thermalzentrum, großem Hallenbad, luxuriösem Spa und der neuen Shiseido-Beautyfarm. Der hauseigene Trinkbrunnen wird ebenso wie das Hallenbad von einer Thermalquelle gespeist.
Erholung ist vorprogrammiert, Genuss auch. Im Restaurant tischen die Blumscheins Wild aus der eigenen Jagd, Lammfleisch vom Nachbarn und Käse von den umliegenden Milchwirtschaften auf. Dazu kann der verwöhnte Feinspitz unter vegetarischen und speziellen Wellnessmenüs für den perfekten Wohlfühlurlaub in den Alpen wählen. Champagnerluft inklusive.

Carpe Diem-Fazit
Die ehemalige Ausflugsstation des Nobelkurortes ist heute ein exklusives Hoteldorf in unvergleichlicher Lage. Freundliche Mitarbeiter, tolles Angebot und gutes Preis-Leistungs-Verhältnis.

Österreich

CARPE DIEM 83

★★★★

Hotel Gmachl

„Willkommen in Salzburgs Garten Eden. In unserer grünen Wohlfühl-Oase können Sie wieder frische Energie und Freude tanken."

Hotel Gmachl
(430 m)
Familie Gmachl
A-5101 Bergheim
Tel.: +43 (662) 452124
Fax: +43 (662) 452124-68
info@gmachl.at
www.gmachl.at

Zimmeranzahl
70 Zimmer, davon 6 Suiten

Spa-Schwerpunkte
Wirkstoffkosmetik, fernöstliche Massagetherapien, hochwertige Körper- und Bäderbehandlungen (z. B. Thalasso), Saunalandschaft und mystische Seegrotte

Umgebung
Radtouren am Ufer der Salzach in die nahe Festspielstadt Salzburg mit ihrem vielfältigen Kulturangebot; Touren mit dem Hotel-Porsche durchs Salzkammergut, zum Schloss Hellbrunn oder zur historischen Wallfahrtskirche Maria Plain

Carpe Diem-Weekend
3 Tage / 2 Nächte
DZ inkl. Frühstücksbuffet und Halbpension
1 Aromaölbad mit Farblichttherapie
1 Rücken-Deblockade mit Kopfreflexzonenbehandlung (20 Min.)
1 Gesichtsmassage mit warmen Steinen
Preis: € 398,– pro Person

Kann das der Garten Eden sein? Schon bei der Ankunft im Hotel verrät ein Blick in die weitläufige Parkanlage Erholung und Entspannung im Grünen. Idyllisch schmiegt sich das Hotel Gmachl an den hauseigenen Naturbadeteich. Unweit davon entfernt eröffnet sich der schmucke Wellness-Bereich „Vitarium" auf gut 1.100 m². Ein Wohlfühlteam befreit Körper und Seele vom Alltagsstress. Besonders beliebt sind maßgeschneiderte Pflegepackages wie Working Girls, Healing Touch oder Body & Balance. Neben dem großen Naturbadeteich gibt es für Wasserratten noch einen Outdoor-Felsenwhirlpool (38 °C), ein ganzjährig beheiztes Freischwimmbad und eine romantische Solegrotte. Im „Raum der Stille" laden bequeme Wasserbetten zum Relaxen. Ideal für Sportfans: der hauseigene, 400 m lange Fitnessparcours, Tennisplatz und Mehrzweck-Sportplatz.

Einen aktiven Tag lässt man am besten gemütlich und genussvoll ausklingen. Auch dafür hat das Hotel Gmachl so einiges parat: Das Herzstück ist die großzügig gestaltete Lobby mit umlaufender Galerie, Bibliothek, Schachecke, Tee-Lounge und Hotelbar. Hier trifft man sich vor oder nach dem Abendessen zu einem köstlichen Drink. Apropos Abendessen. Verschiedene Menüs und eine große Auswahl an À-la-Carte-Gerichten bieten für jeden Geschmack das Richtige: von raffinierten österreichischen Köstlichkeiten, fangfrischen Fischspezialitäten aus heimischen Gewässern bis zu vegetarischen Schmankerln und leichten Fleischgerichten.

Carpe Diem-Fazit

Sensationell: der schön gelegene und perfekt ausgestattete Naturbadeteich. Ein professionell ausgebildetes Wohlfühlteam begleitet auf dem Weg zum Wellbeing.

Österreich

CARPE DIEM® 85

★★★★★

Hotel Kaiserhof

*„Was Sie bei uns erwarten können?
Eine wunderbare Wellness-Gourmet-Oase mit der
Lizenz zum Verwöhnen."*

Hotel Kaiserhof
(960 m)
Familie Lampert
A-6352 Ellmau
Tel.: +43 (5358) 2022
Fax: +43 (5358) 2022-600
info@kaiserhof-ellmau.at
www.kaiserhof-ellmau.at

Zimmeranzahl
29 Zimmer, davon 15 Suiten

Spa-Schwerpunkte
Bindegewebsmassage, Segmentmassage, Triggerpoints, Tenderpoints, Gelenksbehandlungen, Physioenergetik, Concon-Gesichtsbehandlung

Umgebung
Gleich vor der Tür: das größte zusammenhängende Skigebiet Österreichs, unzählige Langlaufloipen; im Sommer: Mountainbiken, Wandern, Golfen (großzügige Greenfee-Ermäßigungen), Tennis, Reiten, Canyoning

Carpe Diem-Weekend
3 Tage / 2 Nächte
DZ inkl. Gourmet-Verwöhnpension und Vitalbuffet
in der Kaiser-Vital-Welt
1 Shiromardana (ayurvedische Kopfbehandlung)
1 Shiatsu
1 Gesichtsbehandlung intensiv
1 Fußmassage
1 Marmapunktbehandlung
Preis: ab € 395,– pro Person

Familiär-charmante Herzlichkeit, ein haubenprämiertes Spitzenrestaurant, nagelneue Juniorsuiten in französischem Kirschholz und ein Wellness-Bereich, der keine Wünsche offen lässt. Willkommen im Hotel Kaiserhof, das weitab von Lärm und Verkehr auf einem Sonnenplateau oberhalb von Ellmau, direkt am Fuß des Wilden Kaisers liegt.

Individuelle Gästebetreuung hat hier oberste Priorität, immerhin zeichnet Hausherr Günter Lampert persönlich für das leibliche Wohl der Gäste verantwortlich. Die saisonalen Köstlichkeiten und Gaumenfreuden können nach Lust und Laune entweder in der eleganten „Schloss-Stube", im gemütlichen „Panorama-Restaurant" (für Nichtraucher), der heimeligen „Kaminstube" oder der rustikalen „Zirbenstube" genossen werden. Im Keller schlummern mehr als 200 verschiedene Weinspezialitäten, die man am Abend an der Kaiserbar verkosten kann.

Doch auch tagsüber gibt es viel zu tun! Ein reichhaltiges Outdoor-Angebot mit Golfen, Mountainbiken, Wandern oder Tennis lockt die Gäste in die atemberaubende Natur hinaus. Wer das Hotel lieber nicht verlassen möchte, hat aber ebenso viele Indoor-Möglichkeiten: ein abwechslungsreiches Fitnessprogramm unter fachkundiger Trainerbetreuung, Planschspaß im hauseigenen Riesenpool mit Wasserfall, Massagebank und Gegenstromanlage oder ein persönlich abgestimmtes Beautyprogramm mit therapeutischem Ayurveda, Hot Stone oder Shiatsu.

Carpe Diem-Fazit

Absolute Ruhelage mit uneingeschränktem Blick auf den Wilden Kaiser. Für die Beauty-Behandlungen sorgt ein ausgezeichnetes Team. Auch kulinarisch bis ins letzte Detail ein Genuss.

★★★★ *superior*

Ebner's Waldhof am See

„Märchenhafte Lage, familiäre Herzlichkeit, exquisite Küche und ein umfangreiches Wellnessangebot umfassen das Verwöhnprogramm für Gaumen, Geist und Körper."

Ebner's Waldhof am See
(700 m)
Familie Ebner
A-5330 Fuschl am See
Tel.: +43 (6226) 8264
Fax: +43 (6226) 8644
info@ebners-waldhof.at
www.ebners-waldhof.at

Zimmeranzahl
119 Zimmer, davon 21 Suiten

Spa-Schwerpunkte
Alpine Kräuterstempel-Massage, Anti-Aging-Behandlungen, Monthalit-Behandlungen, Aromatherapie, Bäder mit Algen, Ziegenbuttercreme, Schokolade oder Heu

Umgebung
Sommer: Wandern, Radfahren, 8 Golfclubs in naher Umgebung, Rudern, Schifffahren (mit der „Fuschlerin"); Winter: Skifahren, Langlaufen, Rodeln (auf der Waldhofalm mit beleuchteter Rodelbahn), Snowtubing oder Schneeschuhtouren (mit hauseigener Betreuung)

Carpe Diem-Weekend
3 Tage / 2 Nächte
DZ „Filbling" inkl. Frühstücksbuffet und Verwöhnpension
1 Teilmassage
1 individuelle Kosmetikbehandlung
1 Rasulbad für zwei Personen
Preis: ab € 391,– pro Person

Nur zehn Minuten von Ebner's Waldhof am See entfernt liegt die Waldhofalm mit 3-Loch-Golfplatz, Driving-Range, Chipping- und Putting-Green. Direkt vor dem Haus das unbezahlbare Extra des Hotels: der private Badestrand am smaragdgrünen Fuschlsee. Ruhig und romantisch liegt der See da und lädt zum Rudern oder einer Umrundung mit dem Rad ein. Im Winter, wenn er zugefroren ist und der Golfplatz unter einer glitzernden Schneedecke liegt, kommen Wintersportler wie Langläufer oder Skifahrer auf ihre Kosten. Schöne Stunden verspricht ein Ausflug in die nahe gelegene Barockstadt Salzburg zum traditionellen Christkindlmarkt.

In der Wellness-Oase selbst finden stressgeplagte Gäste erholsamen Ausgleich. Etwa beim Baden im zauberhaften Schwimmteich oder beim Relaxen im urigen Felsen-Whirlpool. Danach kann das genussvolle Verwöhnprogramm mit Rosenölmassagen und Honigpeelings beginnen – Naschkatzen sei das Schokoladebad im Schwebebett ans Herz gelegt.

Hunger? In den drei Restaurants wird den ganzen Tag lang eifrig gekocht. Küchenchef Franz Josef Wagner (feiert sein 25-Jahr-Jubiläum!) und Kreativkoch Alexander Ebner sind für die ausgezeichneten Gaumengenüsse verantwortlich, die bereits von Gault-Millau prämiert wurden. Seit gut zehn Jahren fixer Bestandteil des kulinarischen Teams ist Herr Artur. Als guter Geist von „Artur's Bar" sorgt er jeden Abend mit edlen Weinen und raffinierten Cocktails zum Ausklang für gute Stimmung.

Carpe Diem-Fazit

Heimelige Atmosphäre, stilvolles Ambiente, luxuriöse Ausstattung. Dazu sorgen der eigene Seezugang und die Zimmer mit Ausblick zusätzlich für einen hohen Wellbeing-Faktor.

Österreich

Alpen Hotel Speckbacher Hof

„Tauchen Sie ein in eine Welt der blühenden Vielfalt, um aus sich selbst heraus Freude und Energie zu schöpfen – grenzenlos und von unaussprechlicher Fülle."

Alpen Hotel Speckbacher Hof
(900 m)
Familie Andreas Hofmann
A-6060 Gnadenwald
Tel.: +43 (5223) 52511-0
Fax: +43 (5223) 52511-55
info@speckbacherhof.at
www.speckbacherhof.at

Zimmeranzahl
55 Zimmer, davon 36 Suiten

Spa-Schwerpunkte
Aromatherapie, Ayurveda, Klangschalenmassage, Reiki, Shiatsu, La Stone-Therapie, Lymphdrainage, Meditation, Unterwassermassage, Qi Gong, Laconium, Tepidarium, Yoga, Thalasso und Solbadgrotte

Umgebung
Ausflüge ins Naturschutzgebiet Karwendel, auf die Hinterhornalm oder zum Shopping ins nur 10 km entfernte Innsbruck; Sport: Drachenfliegen, Paragleiten, Rafting, Canyoning, Montainbiking, Höhlentrecking plus Wintersport aller Art

Carpe Diem-Weekend
3 Tage / 2 Nächte
DZ inkl. Halbpension und Frühstücksbuffet
1 manuelle Lymphdrainage
1 Fango-Ganzkörperbehandlung
Preis: ab € 289,– pro Person

Der Speckbacher Hof unweit von Innsbruck kann auf eine lange Tradition zurückblicken: 1753 ursprünglich als Gutshof errichtet, werden seine Gäste inzwischen seit über hundert Jahren umsorgt und verwöhnt. Der Namenspatron des großzügig angelegten Komplexes auf dem sonnigen Hochplateau am Fuße des Karwendelgebirges ist Josef Speckbacher, Freiheitskämpfer an der Seite von Andreas Hofer. Viel ist seit dieser Zeit passiert. Das Hotel erhielt An- und Umbauten – alle von renommierten Tiroler Architekten geplant. Und so präsentiert sich der Speckbacher Hof heute als modernes Wellnessparadies und ist dabei trotzdem ganz der Tiroler Tradition verpflichtet.

Traditionell geht es auch im Restaurant und in den Stuben zu: Tiroler und österreichische Küchenklassiker begeistern den genusssuchenden Urlauber, das eine oder andere Glas von ausgewählten Spitzenweinen tut ein Übriges für die wohlige und verdiente Entspannung.

Den höchsten Ansprüchen wird selbstverständlich das neu designte Spa gerecht: Bestens ausgebildete Fachkräfte verschönern die Gäste mit den exquisiten Produktlinien von Maria d'Eboli und Isabel Gómez; die Spezialbäder mit natürlich aromatisiertem Wasser aus der hauseigenen St.-Martins-Quelle lassen vergessene Kräfte wieder aufleben. Besonders empfehlenswert: Spezialmassagen wie die ausgleichende Punkt- und Meridianmassage oder die manuelle Lymphdrainage. Weil wir es uns einfach nicht gut genug gehen lassen können.

Carpe Diem-Fazit
Besticht vor allem durch die atmosphärisch gestalteten Zimmer und Suiten mit großem Balkon samt wunderbarem Fernblick ins Alpenpanorama.

Österreich

CARPE DIEM

★★★★★

Hotel …liebes Rot-Flüh

*„Hotellerie auf höchstem Niveau.
Erdacht und erbaut, um Träume zu erleben."*

Hotel …liebes Rot-Flüh
(1.134 m)
Familie Huber
A-6673 Haldensee
Tel.: +43 (5675) 6431-0
Fax: +43 (5675) 6431-46
traumhotel@rotflueh.com
www.rotflueh.com

Zimmeranzahl
101 Zimmer, davon 36 Suiten

Spa-Schwerpunkte
Akupressur, Ayurveda, La Stone-Therapie, Klangschalenmassage, Meditation, Lomi Lomi Nui, Brechelbad, Laconium, Rasul

Umgebung
Gleich vor der Haustür finden die Gäste unzählige Freizeitmöglichkeiten im Naturparadies des Tannheimer Tals; Fixpunkte des Outdoorprogramms: Wanderungen, Rad- und Mountainbike-Touren, Bogenschießen, Langlaufen, Eisstockschießen, Ski- und Eiskletter-Touren

Carpe Diem-Weekend
3 Tage / 2 Nächte
Bio-DZ inkl. Gourmetpension „Lukullus"
1 Tiroler Heubad im Softpack (30 Min.)
1 Teilmassage (25 Min.)
1 Stretch & Relax mit unserer Sportwissenschaftlerin (25 Min.)
Preis: ab € 405,– pro Person

Seine Gastgeber versichern: „Hier werden Träume wahr!" Wenn man das liebevoll verspielte Ambiente des Hotels …liebes Rot-Flüh im Tiroler Tannheimer Tal betritt, glaubt man tatsächlich in einer Märchenwelt zu versinken. Inspiriert vom Prunkschloss Neuschwanstein, bietet der hauseigene Wellness-Tempel „Cinderella Castle" märchenhafte Wohlfühlszenarien. Auf mehreren Etagen offenbart sich eine Oase mit unzähligen Entspannungs- und Beauty-Angeboten und grenzenlosem Luxus: Ayurveda, Klangschalen-Massage, Lomi Lomi Nui, Meditation, verführerische Bäder und wirkungsvolle Packungen, Rasul, Thalasso und vieles mehr stehen auf dem Wellness-Menü. Auch für Fitness ist gesorgt: Im sportwissenschaftlichen Gesundheitszentrum werden Trainingsprogramme erstellt, die auf die individuellen Bedürfnisse der Gäste abgestimmt sind.
Zusätzlich brilliert das Hotel …liebes Rot-Flüh mit einer ungewöhnlichen Gastronomie. Drei Restaurants verbinden Spitzenservice mit kulinarischen Genüssen der Extraklasse. Ob im Haubenrestaurant „La Cascata Nobile", im unterirdischen Erlebnisrestaurant „Via Mala" oder im Grillrestaurant „Loch Ness" – jedes einzelne ist ein Erlebnis für sich.
Genügend Raum für Träume bieten außerdem die zahlreichen Zimmer und Suiten, die nach unterschiedlichen Themen eingerichtet wurden: Gustav-Klimt-, Geier-Wally-, Tiffany- oder Landhausstil – jeder einzelne Raum ist fürwahr ein Unikat aus einer anderen Welt.

Carpe Diem-Fazit
Für romantische Seelen eine der besten Adressen. Anspruchsvolle Wellbeing-Gäste kommen vor allem in den großzügigen Pool-, Sauna- und Fitnessbereichen auf ihre Rechnung.

Österreich

CARPE DIEM 93

ArabellaSheraton Hotel Jagdhof

„Wir können Ihnen Entspannung bieten, die nachhaltig unter die Haut geht. Dabei hilft das reine Wasser – als Elixier allen Lebens."

ArabellaSheraton Hotel Jagdhof
(900 m)
Dir. Wolfgang Greiner
A-5322 Hof bei Salzburg
Tel.: +43 (6229) 2372-0
Fax: +43 (6229) 2372-2531
jagdhof.fuschl@arabellasheraton.com
www.starwoodhotels.com/austria

Zimmeranzahl
143 Zimmer, davon 16 Suiten

Spa-Schwerpunkte
Dampfbad, Solestollen, Saunen, Beauty- und Kosmetikbehandlungen mit Produkten von Shiseido und Carita

Umgebung
Ausflüge nach Salzburg, Wandern und Mountainbiken im Salzkammergut, Golfspielen am hauseigenen 9-Loch-Platz und den Championship-Anlagen der Umgebung; im Winter: Skifahren, Langlaufen, Eisstockschießen

Carpe Diem-Weekend
4 Tage / 3 Nächte
DZ inkl. Frühstücksbuffet und Halbpension an 2 Abenden
Für Ihn: 1 Gesichtsbehandlung, 1 Ganzkörpermassage, 1 Rücken-/Nackenmassage, 1 Fußreflexzonenmassage
Für Sie: 1 Gesichtsbehandlung, 1 Körperpeeling „Anti-Cellulite-Kur", 1 Maniküre
Preis: ab € 480,– pro Person

Schon die einzigartige Lage des Hotels Jagdhof macht Appetit auf Entspannung. Mächtig liegt der stattliche Gutshof aus dem 17. Jahrhundert inmitten satten Grüns, thront über dem eigenen 9-Loch-Golfplatz und dem Fuschlsee, bietet Ruhesuchenden einen herrlichen Blick ins Gebirge. Die luxuriös eingerichteten Zimmer und Suiten verströmen Eleganz, die 14 top-ausgestatteten Veranstaltungsräume vermitteln Stilsicherheit, und das Restaurant „Jagdhofstub'n" sorgt für den guten Geschmack – sowohl beim Ambiente als auch auf den Tellern. Die österreichischen Spezialitäten, allen voran die Fische aus eigener Zucht im Fuschlsee, haben es der internationalen Klientel angetan. Dazu lädt die Osteria mit italienisch-mediterranen Köstlichkeiten ein: Leicht und geschmackvoll, sind sie dem Wohlbefinden besonders förderlich. Danach geht's vielleicht auf einen Schlummertrunk in die „Jagdhof Lobbybar". Oder doch noch auf ein Spiel in der hauseigenen Kegelbahn.

Das Herzstück des Wellnesshotels aber ist das von der ArabellaSheraton-Gruppe entwickelte „AltiraSPA", dessen Konzept auf sieben Säulen basiert: Schönheit, Harmonie, Vitalität, Wasser, Ausgeglichenheit, Natur und Ernährung. Auf 800 m² Fläche kann der Wellness-Fan in Hallenbad, Sauna, Whirlpool, Dampfbad, Solestollen, Eisgrotte und dem Fitnesscenter endlos schöne Stunden zur inneren Entspannung verbringen. Professionelle Anwendungen, Massagen und Therapien sorgen für Wellbeing und machen den Kopf wieder frei für das Wesentliche.

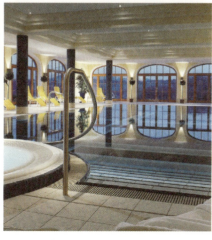

Carpe Diem-Fazit
Ein Haus, das mit seiner Ausstattung und seinem Angebot als Rückzugsort zum erholsamen Durchatmen vor allem für Business-Reisende geeignet ist.

Österreich

★★★★★

Hotel Schloss Fuschl

„Fangfrische Gaumenfreuden, Wellness im Verwöhn-Spa und luxuriöse Zimmer mit herrlichem Seeblick. Hier ist der Gast nicht nur König, sondern Kaiser!"

Hotel Schloss Fuschl
(739 m)
Dir. Wolfgang Greiner
A-5322 Hof bei Salzburg
Tel.: +43 (6229) 2253-0
Fax: +43 (6229) 2253-1531
schloss.fuschl@arabellasheraton.com
www.schlossfuschl.at

Zimmeranzahl
110 Zimmer, davon 46 Suiten

Spa-Schwerpunkte
Aromatherapie, La Stone-Massagen, Hautanalyse, Carita-Produkte, Personal Coaching, Yoga und Qi Gong

Umgebung
Ausfahrten mit der hauseigenen Flotte an Rolls-Royce-Oldtimern oder historischen Kutschen; 13 Golfplätze vor der Tür; Dachstein-Rieseneishöhle, Tierpark Hellbrunn, Mammuthöhle in Hallstatt/Obertraun

Carpe Diem-Weekend
3 Tage / 2 Nächte
DZ inkl. Frühstück im Grand-Deluxe-Zimmer mit Seeblick
1 Glas Begrüßungs-Champagner
1 Drei-Gang-Abendmenü
im Schloss Restaurant
1 Entspannungsmassage
für Rücken und Nacken
1 Gesichtsbehandlung
nach Carita (ca. 90 Min.)
Preis: ab € 645,– pro Person

Ein waschechter „Sissi"-Fan erkennt das verträumte Märchenschloss auf den ersten Blick. Immerhin wurden im Schloss Fuschl in den 50er Jahren des vergangenen Jahrhunderts Teile der „Sissi"-Filme mit Romy Schneider gedreht. Am Tor zum idyllischen Salzkammergut liegt auf einer Halbinsel am Fuschlsee das einzigartige Refugium, das 1450 als Jagdschloss erbaut wurde. Eine Atmosphäre, die man heute noch in der Schlossbar spüren kann. Dort werden tagsüber unter einem gotischen Kuppelgewölbe feinste Kaffee- und Mehlspeisspezialitäten serviert, die man in ledernen Fauteuilles, umgeben von wertvollen Alten Meistern der „Schloss Fuschl Collection", genießt.

Apropos Genuss. Wie wäre es mit einem persönlich zugeschnittenen Verwöhnprogramm im neuen Schloss-Spa? Der großzügig angelegte Wellness- und Fitnessbereich im „Fin de Siècle"-Stil erstreckt sich auf 1.100 m². Oder mit einer Ausfahrt im hauseigenen Rolls-Royce-Oldtimer zu den zahlreichen Hotspots der Umgebung? Doch egal für welches Freizeitprogramm man sich entscheidet, am Abend wartet ein weiteres Highlight! Schmausen kann man im Hotel Schloss Fuschl nämlich ausgezeichnet, und nicht nur fangfrischen Fisch aus der hoteleigenen Fischerei: Das „Schloss Restaurant" ist berühmt für klassisch-österreichische Delikatessen, das „Imperial" mit Küchenchef Thomas Michael Walkensteiner wegen seiner euroasiatischen Kreationen von Gault Millau prämiert. So „schmeckt" Relaxen wirklich gut!

Carpe Diem-Fazit

In der legendären Residenz in atemberaubender Lage wurde eine Wellness-Oase errichtet, die alle Wünsche erfüllt. Das reichhaltige Angebot verdient nur eine Bezeichnung: einfach großartig!

Österreich

CARPE DIEM® 97

★★★★

Hotel Elisabeth

„Ein exklusives Hotel, das Sie mit allem Komfort und sehr persönlichem Service verwöhnt und als Jungbrunnen und Energiequelle gerühmt wird."

Hotel Elisabeth
(850 m)
Familie Johann & Ilse Walch
A-6365 Kirchberg in Tirol
Tel.: +43 (5357) 2277
Fax: +43 (5357) 3701
office@hotel-elisabeth-tirol.at
www.hotel-elisabeth-tirol.at

Zimmeranzahl
100 Zimmer, davon 25 Suiten

Spa-Schwerpunkte
Tiefenwärmetherapie, Kräuterwickel, Kopfschmerz- und Migränebehandlungen, Meersalzpeeling, Honig-Öl-Milch-Packungen, Kräuterbäder, Aromaölmassagen

Umgebung
Neben dem umfassenden ganzjährigen Sportangebot bietet die Region um Kirchberg eine Menge Freizeitaktivitäten: Spaziergang zu den Krimmler Wasserfällen, Besuch des Wildparks Aurach, Ausflug zur mittelalterlichen Festung in Kufstein; im Winter: Skifahren und Schneeschuhwanderungen

Carpe Diem-Weekend
3 Tage / 2 Nächte
DZ inkl. Frühstücksbuffet und Halbpension
1 Gesichtsbehandlung
1 Ganzkörperpeeling
1 Aromaölmassage
Preis: ab € 293,– pro Person

Alles begann mit einem Bauernhaus am Rande von Kirchberg. Heute ist das Hotel Elisabeth eine großzügige Anlage, die aus drei miteinander verbundenen Gebäuden besteht. Seit 2004 punktet das familiengeführte Haus zusätzlich durch einen 2.000 m² großen Wellnessbereich. Die „Vital-Oase" verdient ihren Namen: Hier finden die Gäste ein Gesundheits- und Beautycenter für Massagen, Bäder und Packungen aller Art sowie eine Saunalandschaft, die keine Wünsche offen lässt. Das Angebot: Panorama-Indoor-Pool, Freibecken, Bioschwimmteich, Solegrotte und Whirlpool.
Auch sportliche Kompetenz beweist das Haus mit einem gut ausgestatteten Fitnessstudio sowie mit einer eigenen Skischule. Nur zehn Autominuten vom Hotel entfernt befinden sich sechs Golfplätze, und im Winter bilden Kitzbühel, Kirchberg, Jochberg und Pass Thurn eine der spektakulärsten Skiachsen Europas. Weitere Aktivitäten in der Umgebung: Radfahren, Wandern, Tennis, Reiten, Paragleiten, Rafting, Eislaufen, Rodeln und Langlaufen.
Bekannt ist das Hotel Elisabeth für seine hervorragende Küche, die durch heimische Klassiker, internationale Trends und mediterrane Köstlichkeiten besticht. Plus: Hier werden Produkte verwendet, die vom eigenen Bauernhof kommen. Die geprüften Bioprodukte serviert man von früh bis spät – von der Bioecke beim Frühstücksbuffet über den Nachmittagssnack mit selbst gebackenem Kuchen bis hin zum 5-Gang-Wahlmenü beim Abendessen.

Carpe Diem-Fazit
Besonders empfehlenswert sind das ausgezeichnete Beautyprogramm und die exzellent durchgeführten Massageangebote.

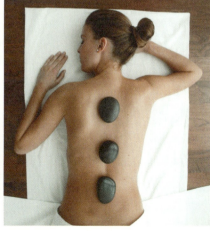

★★★★★

Grand SPA Resort A-ROSA Kitzbühel

„Wir können Ihnen zwar keine Zeit schenken – dafür aber das Beste aus Ihrer Zeit machen."

**Grand SPA Resort
A-ROSA Kitzbühel**
(800 m)
Dir. Eva Loquenz
A-6370 Kitzbühel
Tel.: +43 (5356) 65660-0
Fax: +43 (5356) 65660-819
info.kitzbuehel@a-rosa.de
www.a-rosa.de

Zimmeranzahl
150 Zimmer, davon 46 Suiten

Spa-Schwerpunkte
Behandlungen mit Produkten von St Barth und Kanebo, 8 verschiedene Saunen, Hamam, Wohlbefinden aus aller Welt, medizinisches Gesundheitscoaching

Umgebung
Sommer: Golfen, Radfahren (750 km Radwege in der Region Kitzbühel-Reith-Aurach), Angeln, Klettern, Tennis und Wandern; Winter: Skifahren (145 km präparierte Pisten)

Carpe Diem-Weekend
4 Tage / 3 Nächte
DZ inkl. Halbpension
1 Carpe Diem in der SPA-Suite (Körperpeeling, SPA-Snack, Rückenmassage, Teezeremonie)
1 Kanebo Onpu Stress-Relief
1 Lomi Lomi Pohaku
Preis: ab € 715,– pro Person
(nicht im EZ buchbar)

Und ewig locken die Berge! Für die meisten Großstädter klingt allein das schon vielversprechend. Oder darf's ein bisschen mehr sein? Etwa eine Traumlage. Denn das Grand SPA Resort A-ROSA Kitzbühel liegt wahrlich paradiesisch direkt an einem 9-Loch-Golfplatz. Für besonders ambitionierte Spieler gibt es in der nächsten Umgebung sogar noch 22 weitere Golfplätze.

Feinschmecker finden ihre Erfüllung in den drei Hotelrestaurants: dem „KAPS" mit dem urigen Tiroler-Stub'n-Ambiente, Kachelofen und holzverkleideten Wänden, dem ganzjährig geöffneten Golfhaus-Restaurant mit traditionellen Gerichten und erlesenen Weinen und dem Restaurant „STREIF", wo Schlemmen ohne Reue auf dem Programm steht. Hier geben Ernährungsberater wertvolle Tipps für einen individuellen Speiseplan. So kann praktischerweise auch gleich etwas Sinnvolles für die Gesundheit getan werden. Apropos: Ein Besuch im luxuriös gestalteten Wellnessbereich (3.000 m² auf zwei Ebenen) ist Pflicht. Und ein lustvolles Erlebnis dazu: Erholung und Spaß bieten Indoor- und Outdoorpool, acht Saunen, Hamam, Eisgrotte, Yogaraum, 16 Anwendungsräume für Massagen und Beautybehandlungen. Für die körperliche Vitalität sorgt ein besonders engagiertes und professionelles Fitnessteam.

Wer lieber allein oder zu zweit entspannen möchte, kann das in einer privaten SPA-Suite mit 100 m². Und eines sei gesagt: Hier bleiben garantiert keine Wellness-Wünsche offen!

Carpe Diem-Fazit
Architektonisches Juwel mit Panoramablick in traumhaft schöner Lage. Hervorragend: die Ausstattung der Zimmer und Suiten, der Poolbereich und das vielfältige Fitnessangebot.

Österreich

CARPE DIEM 101

★★★★

Hotel Schwarzer Adler

„Hier finden Sie Ruhe und Entspannung – und sind nur fünf Minuten vom pulsierenden Zentrum Kitzbühels entfernt. Sie werden begeistert sein. Das versprechen wir."

Hotel Schwarzer Adler
(807 m)
Familie Dr. Christian Harisch
A-6370 Kitzbühel
Tel.: +43 (5356) 6911
Fax: +43 (5356) 73939
hotel@adlerkitz.at
www.adlerkitz.at

Zimmeranzahl
75 Zimmer, davon 11 Suiten

Spa-Schwerpunkte
La Stone-Therapie, Rasul, japanisches Bad für zwei Personen

Umgebung
Kitzbühel übt mit seinen exklusiven Boutiquen und gemütlichen Cafés einen besonderen Reiz auf seine Gäste aus. Die Umgebung lädt sowohl im Sommer als auch im Winter zu einem unvergesslichen Naturschauspiel ein – egal ob beim Schwimmen im Schwarzsee, Wandern, Nordic Walken, Golfen oder Skifahren.

Carpe Diem-Weekend
3 Tage / 2 Nächte
DZ inkl. Frühstücksbuffet und Halbpension
1 Kombimassage (Rücken, Nacken und Fußreflexzonen)
1 Soft-Body-Pack nach Wahl (Kap Arkona, Boushitsu, Fucus oder Shikan)
1 Ganzkörpersalztherapie
Preis: ab € 390,– pro Person

Wer seine Lebensenergie erneuern, die Harmonie von Körper und Seele wiederfinden und dennoch das pulsierende Leben einer aufregenden Stadt erleben möchte, ist im Hotel Schwarzer Adler bestens aufgehoben. Als eine der renommiertesten Adressen von Kitzbühel punktet das Hotel durch seinen postmodernen Lifestyle. Hier treffen ganz beabsichtigt mehrere Stilrichtungen aufeinander, wie etwa das futuristische, minimalistische „Black Spa", die luxuriösen Zimmer, deren Ausstattung an französische Landhäuser erinnert, sowie das von Gault Millau ausgezeichnete Gourmetrestaurant Neuwirt, das einer traditionellen Tiroler Gaststube gleicht.

Der Vital- und Beautytempel „Black Spa" ist kein Wellnessbereich, wie man ihn sonst gewöhnt ist. Er ist eine Oase aus Glas, Stein und Holz, die sich über drei Etagen erstreckt. Im Vitalpool erklingt Unterwassermusik, das großzügige Fitnesscenter mit riesigen Panoramafenstern befindet sich auf der Dachterrasse, die Meditationsräume sind mit Wasserbetten ausgestattet und in der Mitte prasselt ein offenes Feuer. Einige Suiten verfügen zusätzlich über eine eigene Sauna. Die Highlights: La Stone-Therapie, Rasul und ein japanisches Bad für zwei Personen.

Nur fünf Minuten vom Hotel entfernt kann man Kitzbühel mit all seinen Facetten live erleben: die beeindruckende Bergwelt, die berühmten Sportevents, das exklusive Shoppingvergnügen und das aufregende Nachtleben.

Carpe Diem-Fazit

Renommiertes Haus mit einem modern gestyltem „Black Spa". Besonderes Plus: das gut ausgestattete Fitnesscenter mit Panoramablick und das ausgezeichnete kulinarische Angebot.

Österreich

Wellness Residenz Alpenrose

*„Der Alltag kann warten – jetzt ist Zeit,
den Augenblick zu genießen, den Gefühlen Raum
zu geben und auch mal an sich zu denken."*

Wellness Residenz Alpenrose
(950 m)
Dir. Wolfgang Kostenzer
A-6212 Maurach
Tel.: +43 (5243) 52930
Fax: +43 (5243) 5466
info@alpenrose.at
www.alpenrose.at

Zimmeranzahl
92 Zimmer, davon 61 Suiten

Spa-Schwerpunkte
Mystery Treatment, La Luna, Balinesisches Bad (spezielle Behandlungsabläufe, auch für 2 Personen), Ägyptos-Verwöhnbehandlung, Alpine-Wellnessbehandlungen in der Kräuter-Zirbenstube, Fünf Tibeter

Umgebung
Vor der Haustüre: Alpenpark Karwendel, Rofangebirge und Achensee (Tirols größter See); im Sommer: Wandern, Nordic Walking, Mountainbiken; im Winter: Ski, Langlauf, Wandern – auch mit Schneeschuhen; ganzjährig: Ausflüge nach Innsbruck oder Kufstein

Carpe Diem-Weekend
5 Tage / 4 Nächte
DZ inkl. ganztägiger Verwöhnpension
1 Beauty- oder Wellnesspackage nach Wahl mit maximal 3 Behandlungen
Preis: ab € 629,– pro Person

Zeitenwende! In Maurach am Tiroler Achensee scheinen die Uhren ein klein wenig anders zu gehen. Der Grund dafür: In der Wellness Residenz Alpenrose versteht man von seelischen Streicheleinheiten und körperlicher Erholung ganz schön viel. Da schalten Sie ab – und tanken gleichzeitig auf. Ideale Energiespender sind das „Fit & Fun-House", aber auch die großartige Landschaft rundherum: Karwendel und Rofan lassen grüßen. Glitzernder Blickfang: der 800 m² große Naturbadeteich, der sich vor der eleganten Hotelanlage ausbreitet. Gleich daneben: das „Haus der Sinne", eine einzige Verführung auf 3.000 m². Verlockende Düfte, sanfte Farbenspiele, edles Holz, seidige Stoffe – schon die Ausstattung der Räumlichkeiten verspricht Genuss. Und dazu gibt es dann Verwöhnrituale à la „Mystery" auf Basis der fünf chinesischen Elemente oder „La Luna" mit der Kraft des Mondes. Ganz neu: die „Stille Hochalm" im 6. Stock, ein Ruheraum mit atemberaubendem Ausblick auf die Berggipfel, in dem man auf wohltemperierten Wasserbetten und beim Duft von Zirbenholz vor sich hinträumt. Dazu sind die 140 Mitarbeiter des Alpenrose-Teams richtige Verwöhnspezialisten und lesen den Gästen praktisch jeden Wunsch von den Augen ab.
Luxuriös auch das Ambiente des Hotels. Ob in einer der Tiroler Stuben, in der stilvoll geschwungenen „Bar Rondo" oder in der Gartenlandschaft rund ums Haus, überall verkünden liebevoll arrangierte Details die Einladung: Komm und lebe deine Träume!

Carpe Diem-Fazit
Qualität und Vielfalt der Wellbeing-Angebote sind ausgezeichnet. Dazu ein ausgesprochen aufmerksames und lösungsorientiertes Personal plus geschmackvoll designtes Ambiente.

Österreich

CARPE DIEM® 105

Sporthotel Neustift

„Unser Familienbetrieb wird Ihnen ein einzigartiges Urlaubserlebnis bereiten, einen (ent)spannenden Ferienvolltreffer zu jeder Jahreszeit."

Sporthotel Neustift
(1.000 m)
Familie Rudolf Pfurtscheller
A-6167 Neustift im Stubaital
Tel.: +43 (5226) 2510
Fax: +43 (5226) 2510-19
sporthotel@neustift.at
www.sporthotel-neustift.at

Zimmeranzahl
65 Zimmer, davon 20 Suiten

Spa-Schwerpunkte
Autogenes Training, La Stone-Therapie, Lymphdrainage, Laconium, finnische Sauna, Tepidarium, Feldenkrais, Qi Gong, Akupunktur, Fango, Solbadgrotte, Edelsteingrotte

Umgebung
850 km Wanderwege im Stubaital: Hütten- und Almwanderungen, Klettertouren, Gletschertrekkings, Kletterkurse, Mountainbiken, Sommerskilauf und Snowboarding am Gletscher; im Winter: Naturrodeln mit Flutlicht, Skifahren, Pferdeschlittenfahrten, Langlaufen

Carpe Diem-Weekend
3 Tage / 2 Nächte
DZ inkl. Verwöhnpension
1 Gesichtsbehandlung
1 Wellnessbad
1 La Stone-Behandlung
Preis: ab € 300,– pro Person

Das Stubaital – das bedeutet gletscherüberzogene Gipfel, würzige Luft, Freiheit und Abstand vom Alltag. Ganz besonders für jene, die sich für einen Aktiv- oder Entspannungsurlaub im Sporthotel Neustift entschieden haben. Oder natürlich für eine Kombination: Denn Fitness, Gesundheit und leiblicher Genuss schließen einander nicht aus, gehören für das optimale Wellbeing-Gefühl sogar zusammen.

Das schlägt sich auch im Angebot der Wellness-Residenz-Verwöhnpension nieder, bei der unter anderem folgende Leistungen inkludiert sind: Mittagsbuffet mit leichten Wellnessgerichten und knackigen Salaten. Abends Vitalmenü und tolle Themenbuffets, zweimal wöchentlich ein Degustationsmenü.

Dazu kommt die Benutzung der Saunalandschaft mit Laconium, Tepidarium, finnischer Sauna, Dampfbad und Blütencaldarium sowie des Hallenbades und des beheizten Freischwimmbades. Power holen kann man sich im Cardio- und Fitnessraum oder beim täglichen Aktivprogramm. Wer lieber andere für seine Wellness sorgen lässt, bucht sich einfach im Spa ein und lässt sich mit Packungen, Massagen und Hautbehandlungen verwöhnen.

Das klingt gut. Und weil die Kids zwischen 9 und 17 Uhr Ruhe von ihren Eltern haben können, werden auch sie einen tollen Urlaub in Tirol verbringen – in einem Familienbetrieb, wo das Wohlbefinden des Gastes an vorderster Stelle steht. Wurde schon der Weinkeller mit mehr als 1.000 Positionen erwähnt …?

Carpe Diem-Fazit

Sehr gepflegtes und freundliches Hotel. Sauna, Schwimmbad und Wellness-Angebote bereiten relaxtes Vergnügen. Für umfangreiche Aktivitäten sorgen die Lage mitten in den Bergen sowie ein umfangreiches Fitness-Programm.

Österreich

★★★★

VILA VITA
Hotel und Feriendorf Pannonia

„Wir bieten Wohnen im Grünen inmitten einer einzigartigen Naturlandschaft – ohne dabei auf Komfort zu verzichten."

VILA VITA
Hotel und Feriendorf Pannonia
(121 m)
Dir. Joe Gelbmann
A-7152 Pamhagen
Tel.: +43 (2175) 2180-0
Fax: +43 (2175) 2180-444
info@vilavitapannonia.at
www.vilavitahotels.com oder
www.storch.at

Zimmeranzahl
127 Bungalows, 33 Zimmer
(davon 6 Appartements)

Spa-Schwerpunkte
Wellness-Parc mit Wasser- & Saunalandschaft, Beautyfarm, Aqua-Sport mit Coachingteam

Umgebung
Im 200 Hektar Naturparadies des Feriendorfes ist die Palette an Sportaktivitäten so umfangreich, dass bestimmt jeder seine Lieblingsbeschäftigung findet: 40 km Laufstrecken, Radfahren, Nordic Walking, Reiten, Tennis, Beachvolleyball und vieles mehr stehen hier zur Wahl

---

Carpe Diem-Weekend
3 Tage / 2 Nächte
DZ oder Bungalow inkl. Frühstücksbuffet und Halbpension
1 Beauty-Behandlung
1 kleine Teilmassage
1 Besuch der Karawanserei
Preis: ab € 260,– pro Person

Mitten in der Pannonischen Tiefebene im burgenländischen Seewinkel (80 km von Wien), am Rande des Nationalparks Neusiedlersee – Seewinkel, liegt das romantische VILA VITA Hotel und Feriendorf Pannonia. Naturverbundenheit und Komfort stehen hier an erster Stelle. Die teilweise mit Schilf gedeckten Bungalows schmiegen sich in die Landschaft und bieten viel Platz zum Entspannen und Genießen.

Auch Feinschmecker kommen hier voll auf ihre Kosten: Im Gourmet-Restaurant „Vitatella" werden die Gäste mit feinen saisonalen Themenmenüs verwöhnt. Zu einem besonderen Erlebnis lädt der stimmungsvolle Weinkeller „Vitakella", wo Weindegustationen mit Erfolgsjahrgängen und prämierten Weinen aus der Region stattfinden. Für diejenigen, die den Abend gemütlich ausklingen lassen möchten, bieten die „Cigars Lounge" oder die „Piano Bar" das richtige Ambiente.

Wer im VILA VITA Urlaub macht, genießt auch ein großzügiges Freizeitparadies mit „Wellness-Parc", Badesee, 40 km Laufstrecken und vielseitigen Sport- und Wellness-Angeboten. Dabei lautet das Motto: „Den Körper in luxuriöser Umgebung verwöhnen". Die Highlights: Saunawelt, diverse Relax-Bäder, Karawanserei (Lichttherapie auf Wüstensand), wohltuende Massagen und Beautybehandlungen.

Für verliebte Pärchen bietet das Hotel und Feriendorf Pannonia eine märchenhafte Kulisse für eine unvergessliche Traumhochzeit von der Trauung bis zur Feier.

Carpe Diem-Fazit
Mit seinem vielfältigen Freizeitangebot und der großzügigen Bungalowanlage ist das Feriendorf vor allem für Familien mit Kindern ein einzigartiges Erholungsparadies.

★★★★★

Hotel Schloss Seefels

„Lust auf Riviera? Bei uns am Wörthersee können Sie sich fallen lassen und einfach genießen: Dort, wo Luxus mit Moderne und Entspannung mit Genuss verschmelzen, sind Sie zu Hause."

Hotel Schloss Seefels
(446 m)
Dir. Egon Haupt
A-9210 Pörtschach/Wörthersee
Tel.: +43 (4272) 2377
Fax: +43 (4272) 3704
office@seefels.at
www.seefels.com

Zimmeranzahl
71 Zimmer, davon 30 Suiten

Spa-Schwerpunkte
Estée Lauder Skincare Center, LifeStyleZentrum mit Massagen, Bädern, Hamam und Felsen-Spa

Umgebung
Sport: Golf auf 8 Plätzen in direkter Nähe, Tennis auf 3 Hotelplätzen, Wasserski, Segeln, Bootsrundfahrten, Motorboot-Fahrschule, Paragleiten, Nordic Walking, Wandern, Radfahren und Biken, Skifahren auf der Gerlitzen; Kultur: Wörthersee-Bühne, Carinthischer Sommer, Adventmärkte in Velden, Villach und Klagenfurt

---

Carpe Diem-Weekend
3 Tage / 2 Nächte
DZ inkl. Halbpension
1 Sel de Mer Thali-Körper- und -Gesichtspeeling
1 Honigcreme-Massage
1 Kräutersprudelbad
inkl. Hydromaske
Preis: ab € 405,– pro Person

In einem Schloss Urlaub zu machen ist immer etwas Besonderes. Im Hotel Schloss Seefels aber, 2004 zum Wellbeing-Hotel des Jahres gekürt, wird das Besondere zum Außergewöhnlichen: Das Renaissance-Juwel aus dem 19. Jahrhundert ist der gefragte Urlaubsklassiker am Wörthersee: Als Treffpunkt des Jetsets ebenso wie als elegantes Refugium für Ruhesuchende und Genießer. Die Ausstattung ist imperial, der Service und das Angebot sind es ebenso. Allen voran der See, der das erfrischende Riviera-Feeling im Hotel perfektioniert. Auch im Winter übrigens, denn das private Seebad ist bis auf angenehme 25 °C geheizt. Motorbootseignern steht eine Marina zur Verfügung. Golfspieler werden mit dem Hotelboot nach Dellach gebracht.

Das Treiben am Wörthersee mit Wasserskifahrern und Segelbooten hat einen eigenen Charme, was sich vom Panorama-Außenwhirlpool und der Seesauna aus beobachten lässt. Charme haben auch die elegant eingerichteten Zimmer und das haubengekrönte À-la-Carte-Restaurant „La Terrasse". Auch Entspannung ist Programm: Auf 1.100 m² wird sauniert, dampfgebadet, geplanscht und der inneren wie äußeren Schönheit gefrönt. Das „LifeStyleZentrum" mit seinem Beauty- und Massageteam sorgt für die professionelle Umsetzung der individuellen Wellbeing-Bedürfnisse. Und neben all den verlockenden Angeboten von Thalasso über Lymphdrainage, Ayurveda, Estée-Lauder-Behandlungen und Anti-Aging lockt immer wieder die vitalisierende Magie des Wörthersees.

Carpe Diem-Fazit

Hier wird seit Jahren konstant der hohe Qualitätsstandard gehalten. Gut ausgebildete Mitarbeiter und eine hervorragende Gastronomie bereiten zusätzliches Vergnügen.

Österreich

★★★★

Parkhotel Pörtschach

„Im Parkhotel erleben Sie den Zauber des Wörthersees von seiner schönsten Seite. Denn schließlich gibt es nur eine beste Lage."

Parkhotel Pörtschach
(446 m)
Dir. Raimund Stani
A-9210 Pörtschach/Wörthersee
Tel.: +43 (4272) 26210
Fax: +43 (4272) 2621-731
office@parkhotel-poertschach.at
www.parkhotel-poertschach.at

Zimmeranzahl
330 Zimmer, davon 16 Suiten

Spa-Schwerpunkte
Autogenes Training, Lymphdrainage, ganzheitliche Massagen und Meditationen, Tepidarium, Dampfbad, Aqua-Fitness

Umgebung
Surfen, Wasserski, Waterbikes und Schifffahrt am See, 5 Golfplätze in nächster Umgebung, nur 8 km zum Casino Velden, Brahms Musiksommer, Konferenzzentrum im Ort, 20 km zur Hauptstadt Klagenfurt, grenzenloses Nordic Walking, Wandern und Mountainbiking

Carpe Diem-Weekend
3 Tage / 2 Nächte
inkl. Frühstücksbuffet
und 4-Gang-Abendessen
1 Algen-Schlankheitspackung
1 Anti-Stress-Massage
1 Feuchtigkeitsbehandlung
für das Gesicht
Preis: ab € 281,– pro Person

Ganz entspannt. Ganz leger. Und trotzdem Luxus. Das ist das Parkhotel Pörtschach am Wörthersee. Der liebevoll gepflegte Charme des Promi-Spots trifft auf pure Natur, ein Hauch von Mittelmeerinsel auf traditionelle Kärntner Gastfreundschaft. Das Hotel liegt in einem 40.000 m² großen Park auf einer Halbinsel im See. Beste Lage also, wie es sich für einen Ferienklassiker gehört. Von den Balkonzimmern genießt man den aufregenden Blick über den See, verliert sich im Blau des Himmels und des sauberen Wassers.

Die aktive Urlaubsgestaltung beginnt schon vor dem Frühstück mit der Morgengymnastik am Seeufer. Die bestens geschulte Vitaltrainerin sorgt dafür, dass der Kreislauf in Schuss kommt. Über den Tag verteilte Animationsprogramme wie Ballspiele, Nordic Walking oder geführte Wanderungen in die Kärntner Bergwelt können ebenso zum Tagesprogramm gehören wie auch einfach nur Faulenzen am Privatstrand. Nichtstun ist ja bekanntlich Balsam für die Seele. Wer dennoch ein wenig nachhelfen will, schaut in der neuen „Wohlfühlinsel" mit Dampfbad, Sauna und Tepidarium vorbei. Das modern-transparente Design unterstreicht dabei die hochwertigen Beauty- und Wellness-Treatments. Mit Verwöhntwerden ist aber noch lange nicht Schluss: Beim Gourmet-Menü von Küchenchef Günther Stelzl und beim eleganten Cocktailschlürfen inklusive Tanz- und Livemusik vergisst man bald den Alltag. Und weiß: So muss Urlaub sein – so kann er nur am Wörthersee sein.

Carpe Diem-Fazit

Ein Klassiker mit Retro-Charme mitten am Wörthersee. Plus: sehr gute Wellness-Angebote, freundlicher Service und eigener Seezugang mit Strandkomfort.

Österreich

 *luxus*

Gartenhotel Theresia

„Modernes Design, zeitlose Tradition! Hier ist alles möglich, aber nichts zwingend – die wahre Erholung für Körper und Seele…"

Gartenhotel Theresia
(1.050 m)
Familie Brettermeier
A-5754 Saalbach-Hinterglemm
Tel.: +43 (6541) 74140
Fax: +43 (6541) 7414121
info@hotel-theresia.co.at
www.hotel-theresia.co.at

Zimmeranzahl
47 Zimmer, davon 11 Suiten

Spa-Schwerpunkte
Bioresonanz, Wellness-Check, Dorn-Breuss-Wirbelregulation, Ausdauer- und Leistungstests

Umgebung
Wandern (400 km Wege), 200 km Mountainbike-Routen, Golf (36-Loch im Partnerclub Zell am See), Nordic Walking; im Winter: Skizirkus Saalbach-Hinterglemm-Leogang, Langlaufen, Rodeln, Winterwandern (35 km Wege); Schnapsbrennerei, Heimathaus, Ski- und Bergkristallmuseum in Saalbach

Carpe Diem-Weekend
3 Tage / 2 Nächte
DZ inkl. Wellness-Inklusivpension
1 Wellness-Check
1 Sportmassage
1 Störfeldbehandlung
1 Bachblütenberatung
Preis: ab € 345,– pro Person

Von außen: ein traditionelles Familienhotel mit alpinem Charme. Von innen: ein Designerschmuckstück mit topmodernen Wellness-Einrichtungen und Art-Hotel-Charakter. Dieser gelungene Mix gefällt!

Wer in Saalbach-Hinterglemm das Besondere sucht, ist im Gartenhotel Theresia bestens aufgehoben: Die Zimmer sind liebevoll renoviert – teils traditionell geblieben, teils aber stylishmodern gestaltet – und allesamt mit luxuriösen Bädern ausgestattet. Was auffällt, ist, dass die Modernität auch in Rezeption, Bar, im Spa- und Badebereich nicht mit glatter, nordischer Kühle gleichzusetzen ist, sondern Wärme und Geborgenheit vermittelt.

Dieses Feeling ist es auch, das sich während und nach den Wellness-Anwendungen einstellen soll. Stichwort: „Selfness": In nur einer Stunde mit der Persönlichkeitstrainerin kann man lernen, wie man auf sein Innerstes hört und seine mentale Kraft zur Neuorientierung und Entspannung einsetzen kann.

Wer sich all das lieber auf die „einfache Tour" holen will, gönnt sich eines der zahlreichen Verwöhnpakete mit Gesichts-, Körper- und Straffungsbehandlungen sowie Massagen oder sogar eine Farb- und Stilberatung.

Der Stil beim kulinarischen Genuss ist auf alle Fälle ein guter – dafür steht die prämierte biologische Wellness-Pension in den drei Hotelrestaurants: mit gesunden und vollwertigen Zutaten und auf jede Spezialdiät eingehend. Das nennt man Rundum-Wohlfühlurlaub.

Carpe Diem-Fazit
Wunderbar entspannte Atmosphäre durch auffallend freundliches Personal. Spezielles Augenmerk auf mentales Wellbeing. Extraplus: eigene Kinder-Wellness-Programme.

Österreich

CARPE DIEM® 115

★★★★

Hotel Kobenzl

„Unser Hotel soll für alle literaturinteressierten Europäer zur Urlaubsdestination Nummer eins werden!"

Hotel Kobenzl
(750 m)
Familie Herzog
A-5020 Salzburg
Tel.: +43 (662) 641510
Fax: +43 (662) 642238
info@kobenzl.at
www.kobenzl.at

Zimmeranzahl
40 Zimmer, davon 20 Suiten

Spa-Schwerpunkte
Aromatherapie, Lymphdrainage, Massagen, Moorbehandlungen, Thalasso, Algenpackungen

Umgebung
Ausflüge: Burg Hohenwerfen mit Burgbesichtigung und Greifvogelschau, Eisriesenwelt bei Werfen, Salzwelten am Dürrnberg bei Hallein, „Sound of Music"-Tour durch Salzburg, Rennstrecke Salzburgring; im Winter: Skifahren, Snowboarden, Schlittenfahren und Langlaufen

Carpe Diem-Weekend
3 Tage / 2 Nächte
DZ deluxe mit Blick auf Salzburg inkl. 5-Gang-Halbpension
1 Antistressmassage
1 La Prairie-Kurzbehandlung
1 Körperpeeling im Cleopatrabett mit ätherischen Ölen und Himalayasalz
Preis: ab € 525,– pro Person

Was haben Präsident Nixon, Margaret Thatcher, Jessye Norman und Arnold Schwarzenegger gemein? Sie alle residierten schon mal im Literaturhotel Kobenzl. Literaturhotel? Klingt nach Wellbeing im Kopf, doch was kann man konkret erwarten? Nun, fünfzehn Zimmer sind mit sämtlichen Werken von je einem der fünfzehn großen europäischen und nordamerikanischen Schriftsteller des 20. Jahrhunderts ausgestattet. Zum Beispiel Ingeborg Bachmann, Hermann Hesse, Bertolt Brecht, Ernest Hemingway, Samuel Beckett oder James Joyce. Überhaupt hat hier fast alles mit Literatur zu tun. So auch die beliebten Wanderungen auf den Spuren von Thomas Bernhard, Stefan Zweig und Peter Handke. Oder das Frühstück im Panorama-Restaurant und der Sonnenterrasse, wo neben Kaffee, Kaisersemmeln und hausgemachten Mehlspeisen auch literarische Texte kredenzt werden. Im Vitalbereich und im Restaurant werden von Haubenkoch Herbert Ranstl leichte und verfeinerte österreichische Gerichte serviert.
Danach kann das Verwöhnprogramm für den Körper starten! Und zwar im Vitalbereich, dessen Herzstück der große Pool ist. Ein paar Runden im erfrischenden Nass bringen den Kreislauf so richtig in Schwung, ein Erholungsschläfchen auf der windgeschützten Sonnenterrasse oder der großzügigen Liegewiese belohnt anschließend für die Anstrengung. Und als Krönung sollte man sich unbedingt eine Anti-Aging-Behandlung von La Prairie mit exklusivem Kaviar-Extrakt gönnen. Wirkt Wunder!

Carpe Diem-Fazit

Sehr persönlich geführtes Haus mit individuellem Charme für alle, die Ruhe und intellektuelle Anregung suchen. Besonderer Genuss: die kreative und abwechslungsreiche Küche.

Österreich

Romantikhotel Im Weissen Rössl

„Erliegen Sie dem natürlichen Zauber des Wolfgangsees. Ihr Motto: Aufleben, genießen, wohl fühlen."

Romantikhotel Im Weissen Rössl
(548 m)
Familie Trutmann-Peter
A-5360 St. Wolfgang/Salzkammergut
Tel.: +43 (6138) 2306-0
Fax: +43 (6138) 2306-41
welcome@weissesroessl.at
www.weissesroessl.at

Zimmeranzahl
73 Zimmer, davon 20 Suiten

Spa-Schwerpunkte
ganzjährig beheiztes Seebad (30 °C), Alpine Wellness, Anti-Age-Behandlungen, gesamter Wellnessbereich mit Seeblick

Umgebung
Themenwege im Salzkammergut, Reiten mit Islandpferden beim Suaßbauer, Ausflüge in den Blue-Dome-Wasser-Erlebnispark, Kulturbesuche in Salzburg mit zahlreichen Theatern und der Feste Hohensalzburg

Carpe Diem-Weekend
3 Tage / 2 Nächte
DZ mit Rösslkomfort und Rössl-Frühstückserlebnis
1 Willkommensgeschenk
1 Vitalmenü täglich
1 Gesichtsbehandlung (60 Min.)
1 Peeling mit Rosenöl und alpinen Salzen (20 Min.)
1 entspannende Handpflege (20 Min.)
Preis: ab € 312,– pro Person

„Im Weissen Rössl am Wolfgangsee, da steht das Glück vor der Tür…" Das Titellied aus Ralph Benatzkys Operette ging um die Welt. Und mit ihm entstand der Ruf des gleichnamigen Hotels, in dem Liebe und gute Laune die Hausherren sind. Stimmt auch, aber es hat sich trotzdem viel verändert.

Vorhang auf für eine der schönsten Kulissen der Welt, den Wolfgangsee. Tief durchatmen und Energie tanken. Das funktioniert nicht nur durch makelloses Angebot und Ausstattung des ersten Hauses am Platz, sondern vor allem durch die persönliche und warmherzige Atmosphäre, die jeden Gast sofort in ihren Bann zieht.

Das Interieur überzeugt mit unverwechselbarem, individuellem Stil. Ob modern, nostalgisch oder romantisch – hier ist für jeden Geschmack das Passende dabei. Außen ruht majestätisch der See unter schneebedeckten Berggipfeln, in den man sich selbst im Winter, dank des auf 30 °C erwärmten Seebades, stürzen kann.

Nach Lust und Laune begibt man sich entweder unter die Fittiche des Fitnesstrainers, oder man lässt es sich einfach nur im romantischen Kaiserbad sowie in der Saunalandschaft mit Panorama-Ruheraum gutgehen. Beeindruckend: der Seeblick im gesamten Wellnessbereich. Danach noch eine Massage oder Beauty-Behandlung im Reviderm Spa, und man spürt, wie Geist und Körper beginnen, im selben Takt zu schlagen: ruhig, entspannt, gelassen. So, dass man unweigerlich mitsummt: „Dein Herz, das hast du verloren, im Weissen Rössl am See!"

Carpe Diem-Fazit

Traditionsreiches Haus am Wolfgangsee, das mit den Anforderungen der Zeit Schritt hält. Auffallend freundlicher und hilfsbereiter Service.

Österreich

Genießerhotel Löwen

„Ob romantischer Winterzauber oder blühender Sommertraum – hier verbringt man unvergessliche Ferien zu jeder Jahreszeit!"

Genießerhotel Löwen
(600 m)
Dir. Irmi-Marie Sachs-Ritter
A-6780 Schruns
Tel.: +43 (5556) 71410
Fax: +43 (5556) 73553
info@loewen-hotel.com
www.loewen-hotel.com

Zimmeranzahl
83 Zimmer, davon 10 Suiten

Spa-Schwerpunkte
La Culla, Heubad, Fünf Tibeter, Hydrotherapie, Yoga, Personal Coaching, Thai-Yoga-Massage

Umgebung
Ausflüge: z.B. nach Dornbirn, in die Rappenlochschlucht und zur Naturschau, in den Alpenwildpark nach Feldkirch, eine Silvretta-Rundfahrt, nach Bregenz ins Vorarlberger Landesmuseum, zu den Seefestspielen, eine Schifffahrt auf dem Bodensee; im Winter: vor der Haustüre befinden sich die Skigebiete Hochjoch, Golm und Grabs

Carpe Diem-Weekend
3 Tage / 2 Nächte
DZ inkl. Frühstücksbuffet und Genießer-Verwöhnpension
1 Gesichtsbehandlung QMS Classic
1 La Stone-Massage
1 Yoga-Einheit
Preis: ab € 398,– pro Person

Genießerhotel Löwen nennt sich das Traditionshaus zu Recht, denn Genuss wird hier wirklich groß geschrieben.

Gourmets zum Beispiel schätzen hier die exzellente Küche in den verschiedenen Restaurants, allen voran im exklusiven „Edel-Weiß", wo Kochkunst auf Kreativität und Qualität trifft. Ebenso beliebt sind die gemütliche „Montafoner Stube" mit gutbürgerlicher Kost oder das Café-Restaurant „Barga" mit Sonnenterrasse. Alle drei Gourmet-Oasen stehen unter der Leitung von Küchenchef Rudolf Grabner.

Wellness-Fans kommen im neuen Spa-Bereich auf ihre Kosten. Auf zwei Ebenen gibt es viel zu entdecken: Hallenbad, Beautyfarm (mit Massage- und Kosmetikabteilung, Fitness- und Gymnastikraum, La Culla und Heubad) und Saunalandschaft (mit Brechle-, Stein-, Dampf- und Solebad, Erlebnisduschen und Außenwhirlpool). Weiblichen Gästen steht ein eigener Lady-Spa mit Erlebnisduschen, Sauna, Kristallbad und Ruhelandschaft zur Verfügung.

Wer seinem Körper mehr als das Verwöhnprogramm bieten möchte, tut dies unter kompetenter Anleitung des hauseigenen Sporttrainers Wolfgang Kaufmann. Er hat sowohl für draußen als auch für drinnen ein breit gefächertes Bewegungsangebot parat.

Und am Ende des Urlaubs ist man dann um eine Erfahrung reicher: Egal ob man zum Wellbeing, Sporteln oder Erholen im Genießerhotel Löwen war – man hat mit Sicherheit bekommen, was man sich gewünscht hat!

Österreich

Carpe Diem-Fazit
Wenn atemberaubende Landschaft und Natur auf eine erstklassige Wellness-Oase und gehobene Gastronomie treffen, ist Erholung vorprogrammiert.

★★★★★

Central Spa Hotel

„Mit unseren fünf Sternen wollen wir unseren Gästen eine ideale Kombination aus Sport, Wellness, Kulinarik, Lifestyle und Erholung bieten."

Central Spa Hotel
(1.377 m)
Familie Falkner
A-6450 Sölden
Tel.: +43 (5254) 22600
Fax: +43 (5254) 2260511
info@central-soelden.at
www.central-soelden.at

Zimmeranzahl
120 Zimmer, davon 18 Suiten

Spa-Schwerpunkte
Floating, TCM-Behandlungen, Ayurveda, Farbtherapie, Reiki, Lomi Lomi Nui, Hamam, Rasul, Römisches Bad, Fünf Tibeter, Kneipp-Anwendungen, Yoga, Moorbehandlungen

Umgebung
Im Winter: Skifahren und Snowboarden (ganzjährig am Rettenbachgletscher), Schlittenfahren, Eisstockschießen; im Sommer: Mountainbiken, Wandern, Schluchtenwandern, Rafting, Paragleiten, Nordic Walking und Reiten

Carpe Diem-Weekend
3 Tage / 2 Nächte
DZ inkl. Gourmet-Verwöhnpension
1 Gesichtsbehandlung (90 Min.)
1 Algenpackung mit Bürstenmassage
1 Aroma-Entspannungsmassage
Preis: ab € 448,– pro Person

„Nomen est omen": Dieser Spruch passt perfekt auf das Central Spa Hotel in Sölden. Warum? Weil es mitten in Sölden liegt, aber gleichzeitig nur wenige Gehminuten von Skiliften, Boutiquen oder In-Lokalen entfernt ist.

Im Winter genießt man dank 34 hochmoderner Liftanlagen Ski- und Snowboardspaß vom Feinsten. Im Sommer begleiten Outdoor-Profis die Gäste auf ausgedehnte Bergtouren, beim Rafting oder zu Schluchtenwanderungen.

Besonders erwähnenswert sind die liebevoll gestalteten Zimmer und Suiten, fast alle mit Marmorbädern ausgestattet. Je nach Lust und Laune kann man sich hier einen Aufenthalt in gediegenem rustikalem, provençalischem oder modernem Designer-Ambiente aussuchen.

Pflicht ist auf jeden Fall (mindestens) ein Besuch in der hauseigenen „Wasserwelt Venezia". Das mit Wandmalereien, Gondeln und Brücken verzierte Spa erstreckt sich auf 1.500 m² und drei Ebenen. Ein gut geschultes Team wartet darauf, gestresste Körper (und Seelen) mit entspannenden Bädern, belebenden Packungen, lockernden Massagen oder wohltuenden Beauty-Behandlungen (mit Produkten von Ligne St Barth, Maria Galland, Alpienne oder Phytomer) zu verwöhnen.

Allabendlicher Höhepunkt: ein exklusives Fünf-Gang-Menü, das von Haubenkoch Gottfried Prantl zusammengestellt und von Sommelier Martin Sperdin mit edlen Weinen aus Österreich, Italien, Spanien, Kalifornien, Frankreich oder Chile begleitet wird.

Carpe Diem-Fazit

Ein Haus, in dem Sportler und Promis gerne das Savoir-vivre zelebrieren. Besonders großzügiger Wellness- und Saunabereich plus ausgezeichneter Gastronomie.

Österreich

CARPE DIEM®

Balance Resort Stegersbach

*„Eine einzigartige Oase für Geist und Körper:
Belebung von außen, Kraft von innen,
in der Mitte ICH."*

Balance Resort Stegersbach
(262 m)
Dir. Manfred Kalcher
A-7551 Stegersbach
Tel.: +43 (3326) 55155
Fax: +43 (3326) 55150
info@balance-resort.at
www.balance-resort.at

Zimmeranzahl
141 Zimmer, davon 12 Suiten und 18 Familienappartements

Spa-Schwerpunkte
Bodystyling-Behandlungen, Softpack-Körperwickel, Nuad-Thai-Massage, Energie-Coching, Trilogie (für zwei: Aromadampfkabine, Seifenbürstenmassage und Whirlpool), Private Spa, separate Damensauna

Umgebung
Größte Golfanlage Österreichs (45-Loch), Nordic Walking und Jogging; das Wegnetz umfasst mehr als 600 km Radwege, 1.500 km Wanderwege und 450 km Reitwege; Ausflüge: nach Graz, Südsteirische Weinstraße, Schlösserstraße (mit der ältesten Burg des Burgenlands in Güssing)

Carpe Diem-Weekend
3 Tage / 2 Nächte
DZ-Deluxe inkl. Halbpension
1 Balance-Massage-Ritual (50 Min.)
Preis: ab € 299,– pro Person

Der Name ist Programm. Und was für eines! Denn die Balance wird hier im Balance Resort Stegersbach wirklich wörtlich genommen. In der Mitte befindet sich der Gast, zu beiden Seiten gibt es die passende Erholung. Wie das geht? Ganz einfach, mit diesen Pluspunkten: Vor den Toren des Wellnesstempels lockt die idyllische Natur des südlichen Burgenlands, Ausflüge in die Weltkulturstadt Graz oder in die Südsteirische Weinstraße sind ein Muss.

Besonders stolz ist man zudem auf den neu renovierten 45-Loch-Platz, immerhin die größte Golfanlage Österreichs.

Eine wahre Oase für Geist und Seele ist darüber hinaus das 2.000 m² große Spa. Medizinische Betreuung und Anti-Aging-Behandlungen ergänzen das luxuriöse Wellnessangebot rund um Ayurveda, Massagen und Shiatsu. Wer allerdings nur seine Ruhe finden möchte, sucht sich am besten ein Plätzchen auf der Liegewiese, die auf beeindruckenden 12.000 m² terrassenförmig angelegt wurde.

Nicht nur körperliche, sondern auch kulinarische Genüsse stehen im Balance Resort am Programm: Am Abend werden in der Schauküche des Panorama-Restaurants „Imago" die Spezialitäten direkt vor den Augen des Gastes zubereitet. Ein guter Wein aus der hauseigenen Vinothek – dazu vielleicht eine Havanna in der Cigar Lounge – runden den Abend ab.

Und wenn man dann nächtens im weichen Federbett liegt, träumt man wohl, dass dieser Urlaub nie zu Ende geht.

München 500 km · Wien 146 km · Graz 77 km ·

Carpe Diem-Fazit
Die klare, moderne Architektur harmoniert perfekt mit der unberührten Landschaft. Im großzügigen Spa-Bereich findet jeder das Passende und zu sich selbst.

Österreich

★★★★★

Hotel Warmbaderhof

„Freuen Sie sich auf ein stimmiges Wechselspiel zwischen Tradition und Fortschritt. Und auf unseren größten Schatz: das kostbare Quellwasser von Warmbad."

Hotel Warmbaderhof
(504 m)
Dir. Helmut Weiss
A-9504 Warmbad-Villach
Tel.: +43 (4242) 3001-0
Fax: +43 (4242) 3001-1309
warmbaderhof@warmbad.at
www.warmbad.at

Zimmeranzahl
114 Zimmer, davon 10 Suiten

Spa-Schwerpunkte
Thalasso-Anwendungen, Aquarelaxing, Stretching, Pilates, Qi Gong, Yoga, Wirbelsäulengymnastik, Nordic Walking, MBT-Walking und Fitness

Umgebung
Golfen: Trainieren auf der hauseigenen Range – Spielen in der Golfanlage Finkenstein. Radfahren, Wandern, Tennis, Reiten, Wintersport. Kultur pur: Carinthischer Sommer, Orgelkonzerte in Millstadt, Aufführungen in der Ruine Finkenstein und im Schloss Porcia in Spittal, Ausflüge nach Italien

Carpe Diem-Weekend
3 Tage / 2 Nächte
DZ inkl. Frühstücksbuffet und Halbpension
1 Massage
1 Beautyanwendung
1 Wirbelsäulengymnastik
1 Einheit Nordic Walking
Preis: ab € 162,– pro Person

Zu Hause dreht man für ein Entspannungsbad den Wasserhahn auf. Hier in Warmbad-Villach besorgt das die Natur: Die Thermalquelle bahnt sich ihren Weg durch den Kiesboden direkt in das Urquellenbad – das ist einzigartig in Europa. Was aber wäre die Quelle ohne dazugehörige Badelandschaft, ohne Spa, ohne Therapiezentrum und ohne komfortables Hotel? Immer noch eine wohltuende Heilquelle, aber eben kein Fünf-Sterne-Wellness-Eldorado.

Der Warmbaderhof liegt in einem 20 Hektar großen Naturpark, von dem man direkt in die Wälder und Wiesen eintauchen kann.

Das Haus selbst geizt nicht mit Esprit und klassischem Chic. Jedes Zimmer hat seinen eigenen Farbstil, sein eigenes Flair. Die Haubenküche lässt keine Wünsche offen – schon gar nicht bei speziell nach der Montignac-Methode zubereiteten Kreationen. Nicht zu vergessen sei die Kurkonditorei – für eine kleine Belohnung zwischendurch. Denn die verdient sich, wer sich in den Fitness- und Gymnastikräumen des 1.800 m² großen Vitalcenters redlich bemüht hat – oder zumindest einige gesundheitsfördernde Kuranwendungen absolvieren konnte.

Ein weiterer Hochgenuss ist die persönliche Betreuung im Beautycenter. Durch klassische Kosmetik, Entspannungs- und Entschlackungsmassagen sowie Thalasso-Anwendungen wird etwas für die Schönheit getan. Und das kann ja nie schaden – denn wer sich schön fühlt, fühlt sich auch stark und gesund, und das ist schließlich das Wellness-Ziel.

Carpe Diem-Fazit

Aufmerksam geführtes Haus mit überaus großem Angebot an Kurbehandlungen. Besonders bemerkenswert: das ausgezeichnete Preis-Leistungs-Verhältnis.

Österreich

Wellbeing-Hotels Südtirol

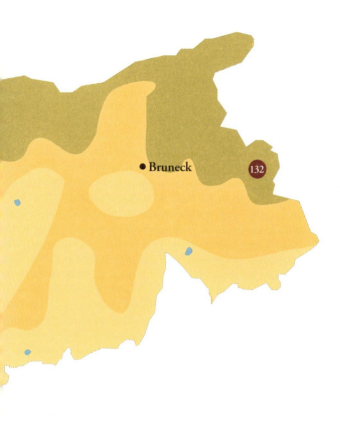

130 Hotel Castel (Wellbeing-Hotel 2004, 2005 & 2006)	Dorf Tirol
132 Hotel Quelle	Gsieser Tal
134 Hotel Castel Fragsburg	Meran
136 Sport & Wellness Resort Quellenhof	St. Martin bei Meran

Südtirol

★★★★★

Hotel Castel

*„Erholen, genießen, erleben.
Wir sind ein Ort, an dem Wohlbefinden
als schönste Kunstform gepflegt wird."*

Hotel Castel
(520 m)
Familie Dobitsch
I-39019 Dorf Tirol
Tel.: +39 (0473) 923693
Fax: +39 (0473) 923113
info@hotel-castel.com
www.hotel-castel.com

Zimmeranzahl
44 Zimmer, davon 10 Suiten

Spa-Schwerpunkte
Aromatherapie, Ayurveda, Akupressur, La Stone-Therapie, Drainagen und Massagen, Yoga, Hautanalyse, Algenpackungen, Tepidarium, Laconium, Hamam, Sauerstofftherapie, Solbadgrotte, Farbtherapie

Umgebung
Wandern und Spazierengehen bis zum 3.000 Meter hohen Tschigat, Ausflüge nach Meran, Bozen oder Glurns, die kleinste Stadt der Alpen, Exkursionen ins Andreas-Hofer-Museum nach St. Leonhard, ins Schreibmaschinenmuseum nach Partschins oder zu Reinhold Messners Schloss Juval

Carpe Diem-Weekend
3 Tage / 2 Nächte
DZ inkl. Gourmetdinner
1 Beautybad mit Aromapackung
1 bioenergetische Massage
1 Körperpeeling mit Meersalz
Preis: ab € 410,– pro Person

Es ist Ausgewogenheit auf allerhöchstem Niveau, die den Gast hier umschmeichelt. Einerseits besticht schon die Lage des verspielt-luxuriösen Fünf-Sterne-Hotels in den Weinbergen oberhalb Merans mit Ausblick auf Palmen und schneebedeckte Berggipfel. Andererseits ist es der perfekte Service des familiär geführten Vorzeigebetriebs, der keine Wünsche offen lässt: nicht im Spa-Bereich und schon gar nicht im Restaurant.

Im Castel kommen Wellbeing-Freunde ganz auf ihre Rechnung: Die heißen Steine der La Stone-Therapie trösten das Gemüt, Bioenergetic-Therapien lassen den Körper wieder zu Kräften kommen, und Spezialmassagen lösen Verspannungen. Danach geht es in die revitalisierende Solbadgrotte, ins Tepidarium oder zur Gesichtskosmetik. Denn Schönheit ist eben auch einer der wichtigsten Aspekte des subjektiven Wohlbefindens.

Herausragend ist die Küchenleistung. Der Hausgast wird bereits am Morgen mit frisch gebackenen Crêpes und feinen Eiergerichten verwöhnt. Abends geht es dann im klassischen Castel-Restaurant mit erlesenen Gourmetdinners so richtig zur feinschmeckerischen Sache. Wem das noch nicht reicht, der reserviert am besten einen Tisch in der hauseigenen „Trenkerstube". Im von Gault Millau ausgezeichneten Gourmettempel serviert man ein siebengängiges Menü, an dessen hervorragenden Geschmack plus optimaler Weinbegleitung man sich noch lange erinnern wird.

Innsbruck 108 km
Meran 5 km
Bozen 36 km

Carpe Diem-Fazit
Ideal für die kleine Flucht aus dem Alltag. Freundlichkeit und Kompetenz der Mitarbeiter sowie ein erstklassiges Behandlungsangebot erfüllen höchste Qualitätsansprüche.

Südtirol

 *superior*

Hotel Quelle

„Zurück zur Natur – das ist unser Leitspruch! Und so bieten wir ein exklusives Verwöhn-Refugium vor einer traumhaften Alpenkulisse."

Hotel Quelle
(1.400 m)
Dir. Erich Steinmayr
I-39030 Gsieser Tal
Tel.: +39 (0474) 948111
Fax: +39 (0474) 948091
info@hotel-quelle.com
www.hotel-quelle.com

Zimmeranzahl
49 Zimmer, davon 18 Suiten

Spa-Schwerpunkte
Personal Coaching, Ayurveda, Massagen, Reiki, Aqua-Fitness, Gesichtsbehandlungen nach Maria Galland sowie Hand- und Fußpflege

Umgebung
Im Winter: Rund ums Gsieser Tal, Welsberg und Taisten gibt es wunderschöne Loipen (bis zu 200 km) und 90 km lange Pisten am Pustertaler Skiberg (täglicher Gratistransfer); im Sommer: Themenwanderungen (Kneipp, Kräuter, Blumen) und Nordic Walking – auf Wunsch mit einem Wellness-Trainer

Carpe Diem-Weekend
3 Tage / 2 Nächte
im Komfortzimmer inkl.
¾-Gourmet-Pension
1 Presso-Therapie
1 Anti-Cellulite-Massage
1 Deluxe-Gesichtsbehandlung
Preis: € 395,– pro Person

Das Hotel Quelle liegt mitten in einem wunderschönen „Outdoor-Fitnesscenter" – umrahmt von traumhaften Alpengipfeln und inmitten saftiger Wiesen. Im Winter locken im schneesicheren Gsieser Tal kilometerlange Langlaufloipen, Rodelbahnen und Eislaufplätze sowie die Pisten des Skibergs Kronplatz.
Wer lieber relaxt, sollte unbedingt im weitläufigen „Wellness-Vital-Park" (rund 1.000 m²) vorbeischauen! Plansch-Spaß pur bietet der großzügig angelegte Panorama-Outdoor/Indoor-Pool, gesund schwitzen kann man im spektakulären „Saunagarten" (Kamillendampfbad, Bio-Sauna oder Gsieser Schwitzstube), und ein Heubad mit ätherischen Ölen dient nicht nur der wohligen Entspannung, es hilft auch beim Entschlacken. Weil Wandern, Sporteln, ja sogar Faulenzen bekanntlich ganz schön hungrig machen, zaubern im hauseigenen Restaurant Chefkoch Edi Pizzinini und sein Team täglich abwechslungsreiche, gesunde und köstliche Speisen. Zum liebevoll zubereiteten Gourmet-Dinner wird natürlich auch der passende Tropfen kredenzt – und zwar aus der hauseigenen „Weinquelle Millennium", wo an die 300 nationale und internationale Flaschen Wein lagern.
Wer allerdings nicht nur fein schmausen, sondern den Wellness-Aufenthalt praktischerweise mit einer kleinen Abspeckkur verbinden möchte, probiert einfach das 500-kcal-Menü.
Spätestens wenn man dann nachts im warmen Federbett ruht, weiß man, wie schön so eine gesunde Auszeit doch sein kann.

Carpe Diem-Fazit

Ein exklusives Refugium in einem hochgelegenem Tal mit auffallend gutem Preis-Leistungs-Verhältnis und kulinarischem Angebot. Ebenfalls bemerkenswert: das überaus freundliche Personal.

Südtirol

CARPE DIEM

 ★★★★ *superior*

Hotel Castel Fragsburg

„Lassen Sie die Gedanken zur Ruhe kommen und tun Sie Körper und Seele etwas Gutes. Der Charme des Hauses wird Sie dabei unterstützen."

Hotel Castel Fragsburg
(768 m)
Dir. Alexander Ortner
I-39012 Meran
Tel.: +39 (0473) 244071
Fax: +39 (0473) 244493
info@fragsburg.com
www.fragsburg.com

Zimmeranzahl
20 Zimmer, davon 14 Suiten

Spa-Schwerpunkte
Ayurveda, Lymphdrainage, Shiatsu, Hamam, Thalasso, Fünf Tibeter, Fango, Nordic Walking, Kinesiologie, Bio-Kräuter-Sauna, Finnische Sauna

Umgebung
Spaziergänge im Garten von Schloss Trauttmansdorff und auf der Passerpromenade; Besuche des Südtiroler Archäologiemuseums und der Landesfürstlichen Burg Meran; Shoppen in Meran und Bozen; sportliche Aktivitäten: Wandern, Nordic Walking und Golf

Carpe Diem-Weekend
3 Tage / 2 Nächte
DZ inkl. Genießerfrühstück & mehrgängigem Gourmetdinner
1 Peeling-Behandlung „Délicieux"
1 Oxyliance Gesichtsbehandlung
1 Ganzkörpermassage
Preis: ab € 370,– pro Person

Ein feines Jagdschlösschen der Grafen Mämmingen aus dem 17. Jahrhundert bildet das Herzstück des luxuriösen Wohlfühlhotels Castel Fragsburg bei Meran. Würdig, auf einem Felsen hoch über der Stadt gelegen, schmiegt sich das intime Hideaway in einen Park von subtropischer Flora. Angekommen zu sein bedeutet hier, sofort Erholung gefunden zu haben.

Die Zimmer sind großteils als geschmackvolle, geräumige Suiten konzipiert: mit viel natürlichem Licht, Lärchenholzboden, Zirbenholztüren, ausgesuchten Südtiroler Antiquitäten und gemütlichen Kuschelsofas. Landhausstil vom Feinsten, der sich auch in der exquisiten Gestaltung des neu eröffneten Gourmetrestaurants „Alexander's" und der intimen „Wellness Oase Fragsburg" niederschlägt.

Im Restaurant verspricht Haubenkoch Jürgen Kerschbaum die sinnliche Kombination aus mediterraner Leichtigkeit und besten regionalen Zutaten. Und natürlich hält er sein Versprechen – der sensationelle Ausblick von der Terrasse über den Meraner Talkessel ist dabei zusätzlich ein ganz besonders erquicklicher „Gang" im Wellbeing-Menü.

Das gediegene Spa, in dem sich u. a. schon Sänger Xavier Naidoo und Schauspieler Ben Kingsley verwöhnen ließen, bietet mit seinen speziellen Bäderzyklen und erstklassigen Massagen mehr als nur Entspannung. Neben der inneren ist auch für die äußere Verschönerung gesorgt. Denn zum Rundum-Wohlfühlen gehört immer dazu, sich selbst zu gefallen.

Innsbruck 108 km
Meran 9 km
Bozen 32 km

Carpe Diem-Fazit
Geschmackvoll designtes Architektur-Juwel in atemberaubender Lage mit einer ganz besonderen Wohlfühl-Atmosphäre.

★★★★

Sport & Wellness Resort Quellenhof

„Luxus der Spitzenklasse für Ihre wertvollsten Tage im Jahr!"

Sport & Wellness Resort Quellenhof
(500 m)
Familie Dorfer
I-39010 St. Martin bei Meran
Tel.: +39 (0473) 645474
Fax: +39 (0473) 645499
info@quellenhof.it
www.quellenhof.it

Zimmeranzahl
95 Zimmer, davon 65 Suiten

Spa-Schwerpunkte
Bäder in der Softpack-Liege, Ägyptos-Vitalwickel, La Culla, Pantai Luar, Mental-Oase, Barfuß-Shiatsu

Umgebung
Das Südtiroler Passeiertal liegt nur 10 km nördlich der viel bereisten Kurstadt Meran, zwischen alpinem Klima und mediterranem Flair; Ausflugsziele: Andreas-Hofer-Museum beim Sandwirt, Erlebnisbergwerk Schneeberg, botanischer Garten Schloss Trauttmansdorff und Schloss Tirol

Carpe Diem-Weekend
3 Tage / 2 Nächte
DZ (ca. 30 m²) inkl. Halbpension
1 Gesichtsbehandlung
1 Handpeeling mit Handpackung
1 Aromaölmassage
1 Pediküre
Preis: ab € 335,– pro Person

Das Sport & Wellness Resort Quellenhof ist nicht nur ein Hotel, es ist ein Urlaubseldorado. Hier können die Gäste aus nicht weniger als fünf Komforthotels wählen und nach dem Motto „Einmal bezahlen, alles genießen" die gesamten Vorteile der Quellenhof Sport-, Beauty- und Wellnesswelt auskosten. Ob jung oder älter, Single, Pärchen oder Familie, entspannungsbedürftig oder aktivitätshungrig – das Angebot ist so vielfältig, dass für jeden etwas dabei ist.

Allein der Wellnessbereich erstreckt sich über 5.000 m². Das Angebot: 15 verschiedene Saunen, vier Hallenbäder, drei Freibäder inklusive Erlebnisbad, drei Kinderbecken, drei Fitnesscenter und ein beheizter Außenwhirlpool.

Ein Verwöhnprogramm der Extraklasse haben der Quellenhof-Spa und die Beauty-Wellness-Alm anzubieten: Spezialbehandlungen mit Topprodukten von Maria Galland und St Barth, zahlreiche Heil- und Schönheitsbäder, sanfte Massagen und heilsame orientalische Anwendungen wie etwa Ägyptos-Vitalwickel, Reiki, Pantai Luar, Hot Stone, Shiatsu, Ayurveda, Hamam und Rasulbad. Ein weiteres Highlight: Prana-Heilung nach MCKS, bei der innere Ruhe, Stressabbau und ganzheitliche Entspannung angestrebt werden.

Auch das Sport- und Freizeitangebot im Sport & Wellness Resort Quellenhof lässt nichts zu wünschen übrig. Das Angebot reicht von Aqua-Gym, Nordic Walking und Yoga bis hin zu Mountainbiking, Golf, Tennis, Reiten, Tauchen, Wandern und Fischen sowie Paragleiten und Rafting.

Carpe Diem-Fazit
Erfüllt sowohl in der geschmackvollen Ausstattung als auch im Angebot sämtliche Anforderungen moderner Wellbeing-Gäste. Im extra großen Wellness-Bereich findet jeder, was er sucht.

CARPE DIEM

Das etwas andere Wellness-ABC

Nicht jeder ist in die Geheimnisse und Hintergründe eines Wellness-Urlaubs eingeweiht. Ein nicht ganz ernst gemeinter Überblick der wichtigsten Begriffe, Erkenntnisse und Regeln von A bis Z.

A wie Ayurveda
Wird von 97 % aller Kunden als wichtiger Bestandteil jedes Wellness-Urlaubs bezeichnet. Etwa 2 % der Befragten können auch erklären, worum es sich bei Ayurveda tatsächlich handelt (siehe auch Q wie Qigong).

B wie Badeschuhe
Wichtiges Utensil für jeden Wellness-Urlauber. Wird zumeist daheim vergessen, weswegen sich parallel zum Boom der Wellness-Hotels ein neuer Industriezweig entwickeln konnte: die Einmal-Badeschlapfen-Produzenten.

C wie Coach
Hat den jahrzehntelang bewährten Turnlehrer abgelöst und tritt nun je nach Neigungsgruppe als Bewegungscoach, Fitnesscoach oder Vitalcoach auf.

D wie Durchschnittsalter
Ist bei Wellness-Urlauben statistisch signifikant höher als bei Raftingtouren oder Bungeejumping-Ausflügen. Jedoch auch signifikant niedriger als bei geführten Busfahrten nach Mariazell.

E wie Ernährungsberatung
Wird zumeist durch gertenschlanke Mitzwanzigerinnen mit großer Hingabe betrieben. Verleitet übergewichtige Mitfünfzigerinnen tatsächlich in 100 % der Fälle zum drastischen Umdenken – so lange, bis das nächste Mal der Magen knurrt.

F wie Fango
Schlammpackung, für die es bis zur Adoleszenz eine Standpauke von Mama gegeben hätte. Nach Erreichen der Volljährigkeit gilt das Baden im Dreck durchaus als gesellschaftsfähig und wird auch mit teilweise hohem finanziellen Aufwand betrieben.

G wie Getreidemühle
Häufige Erstanschaffung nach Absolvierung eines Wellness-Urlaubs. Verstaubt dann nach dem ersten Versuch im Brotbacken meist zugunsten von Fertigbaguette und Aufbacksemmel.

H wie Handtücher
Nette Geste vieler Wellness-Gäste, die benützten Handtücher vom Hotel sogar mit nach Hause zu nehmen, um sie zu waschen. Lediglich die Rücklaufquote ist noch ausbaubar.

I wie Idealgewicht
Unerreichbares Fernziel für knapp 100 % der Wellness-Suchenden. Die Berechnung desselben ist allerdings von einer exakten Wissenschaft ebenso weit entfernt wie Österreich vom Fußball-WM-Titel. Besonders beliebt sind daher käuferfreundliche Idealgewicht-Tabellen in Wochenillustrierten.

J wie Jagdtrieb
Besonders stark ausgeprägt bei alleine urlaubenden männlichen Wellness-Suchenden. Seine Ausübung beginnt üblicherweise bei weiblichen Hausangestellten und endet nach mehreren Abfuhren letztlich unter Leidensgenossen an der Hotelbar. ▸

K wie Kalorien
Der natürliche Feind jedes Wellnessers. Mangelnde Zufuhr derselben (beispielsweise als Folge ausgewogener Ernährung) wird oft mühelos durch Plündern der Minibar im Hotelzimmer wieder wettgemacht.

L wie Laufen
Steht auf der Liste der Vorsätze vieler Wellness-Urlauber ganz oben – wird je nach Willensstärke sogar vor dem Frühstück eingeplant. Wird am ersten Morgen zumeist aus Gründen der Akklimatisierung noch ausgelassen und danach klammheimlich gänzlich verworfen.

M wie Müsli
Dient der gesunden Ernährung. Oft aber der Selbsttäuschung. Wird nämlich fälschlicherweise am Frühstücksbuffet manchmal *zusätzlich* zu Speck, Eiern, Omelette und Käseplatte verdrückt.

N wie Noni
Geheimnisvoller Fruchtextrakt aus dem Südpazifik, der das Leben verlängern sowie Gesundheit, Schönheit, Agilität, Potenz und Weisheit verleihen soll. Dagegen verblasst der Zaubertrank der Gallier zu einer kraftlosen Brühe. In der Tat gilt die Noni-Frucht auf den Cook Islands oder Samoa als relativ wertloses Fallobst und Tierfutter.

O wie Overkill
Neudeutsch für „leicht übertrieben". Findet man gelegentlich auch beim Wellnessen. Also zum Beispiel Gäste, die mit Gurkenmasken direkt gepresste Obstsäfte trinken, während sie im Aromadampfbad bei Entspannungsmusik eine indische Massage bekommen und dazu die Sticks biologisch gezogener Karotten knabbern. Führt bei Überdosierung in einzelnen Fällen zum totalen Wellness-Burnout.

P wie Personal Coach
Ist seit Einsetzen des Wellness-Booms auf der Liste der Traumberufe junger Menschen stetig nach oben geklettert. Droht in den nächsten Jahren die Profession der Automechaniker, Friseure und Bürokaufleute von den Spitzenplätzen zu verdrängen.

Q wie Qigong
Siehe A wie Ayurveda. Wird oft fälschlicherweise in gutsortierten Musikgeschäften nachgefragt.

R wie Rahmenprogramm
Wichtiges Unterscheidungsmerkmal für Anbieter im Wellness-Dickicht. Sorgt für längst vergessene Schulskikursatmosphäre. Reicht vom Kartenturnier für die leutseligen Gäste bis zur Mitternachtssterndeutungswanderung für die Schwermütigen.

S wie Stress
Klassisches Fehlverhalten vieler Wellness-Urlauber, da aus Zeit- und Kostengründen zumeist ein Dreitagespaket gebucht wird, nur um dann den Erholungswert von sieben Tagen reinpacken zu wollen.

T wie Tauchbecken
Integraler Bestandteil eines jeden Saunagangs. Erfreut sich vor allem bei Damen äußerster Beliebtheit, da ein Bad in 8 Grad kaltem Wasser deutlich günstiger kommt als jede Botox-Behandlung.

U wie Urlaubsbekanntschaft
Kommt bei Wellness-Urlaubern traditionell eher seltener vor als bei Schulabschlussreisen nach Ibiza. Wer schafft es schließlich schon, mit dem Ehepartner im Schlepptau jemand anderem bei einem Glas Gemüsesaft den Kopf zu verdrehen?

V wie Vegetarier
Mensch mit eher unüblichen Ernährungsgewohnheiten. Bestellt aus Prinzip immer jene Dinge, von denen man entweder noch nie gehört hat oder nicht wusste, dass sie auch zum Essen sind. Genießt daher bei Miturlaubern im Wellness-Tempel höchstes Ansehen. Wird üblicherweise aber bereits kurz nach der Abreise wieder für einen Spinner gehalten.

W wie Whirlpool
Technische Einrichtung, ohne die das Prädikat „Wellness-Hotel" heute unmöglich vergeben werden kann. Aus kleinen geheizten Rundbecken haben sich mittlerweile im Zuge eines erbitterten Whirlpool-Wettrüstens halbe Schwimmhallen zum Sprudelbaden entwickelt.

X wie Xmas
Neudeutsch für Weihnachten. Ideale Zeit für einen Thermenbesuch, um graue Wintertage mit Farblichttherapie und vanillekipferlgestählte Hüften mit Bewegung zu bekämpfen.

Y wie Yoga
Eine Art indischer Skigymnastik, die in guten Wellness-Hotels zur Stärkung des seelischen Gleichgewichts angeboten wird. Hat dem alpinen Skisport in Indien allerdings bis dato nicht zum Durchbruch verhelfen können.

Z wie Zeitgewinn
(Siehe auch S wie Stress)
Lässt sich für Power-Wellnesser in erster Linie durch Verzicht auf unnötige Tätigkeiten wie ausführliches Kauen der Mahlzeiten, gründliches Duschen vor dem Saunagang oder Aufwärmen vor sportlicher Tätigkeit erzielen.

Andreas Gröbl

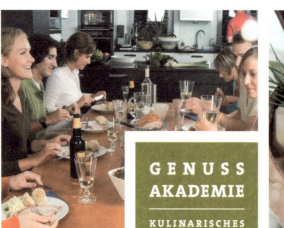

GENUSS AKADEMIE

KULINARISCHES
ERBE ÖSTERREICHS

ABENDSEMINARE
Wien I, Haus der Landwirtschaft,
Schauflergasse 6
von 18 bis 22 Uhr
€ 60/Pers. inkl. Getränke

1 1/2-TAGES–BASISSEMINARE
in ausgewählten Orten in Österreich
Freitag 16 bis 19 Uhr
Samstag 8 bis 17 Uhr
€ 120/Pers. inkl. Getränke

Detailprogramm und Anmeldebedingungen finden Sie unter: **www.kulinarisches-erbe.at**

Gerne senden wir ihnen unsere Seminarbroschüre: **office@kulinarisches-erbe.at** oder telefonisch **+43-(0)1-33151-4949**

Die Genuss Akademie ist eine Initiative des Kuratoriums Kulinarisches Erbe Österreichs, die den Menschen das Schmecken und damit das Genießen mit allen Sinnen wieder näher bringt und das Bewusstsein für hochwertige Lebensmittel schärft.

Das erwartet Sie bei der "Genuss Akademie":

→ Wir wecken Ihre Genussfähigkeit und schärfen Ihre sinnliche Wahrnehmung

→ Sie lernen Qualitätsunterschiede bei Lebensmitteln kennen

Wellbeing-Anwendungen

Entspannung / Erfrischung

Akupressur
Bei dieser Heilmethode werden bestimmte Hautpartien bzw. Energiebahnen (in der chinesischen Heilkunde auch Meridiane genannt) durch gezielten Fingerdruck in ihren Energieströmen beeinflusst. Das Prinzip beruht auf der Erkenntnis, dass blockierte Energieströme durch den Fingerdruck wieder in Gang gebracht und krankheitserregende Umwelteinflüsse aus dem Körper geleitet werden können.

D	26, 28, 30, 36, 38
CH	48, 56, 64, 66, 74
A	84, 86, 92, 96, 108, 110, 114, 124
I	130

Aroma-Therapie
Aroma-Therapie bezeichnet eine Behandlung mit speziellen ätherischen Ölen. Bereits die alten Ägypter, Assyrer, Sumerer und Chinesen setzten gezielt duftende Pflanzenessenzen für therapeutische und rituelle Zwecke ein. Öle werden auf verschiedenste Arten eingesetzt. Sie können über die Atemwege inhaliert werden, dienen aber auch zur Haarpflege oder kommen als Kompressen, für Massagen, als Sauna-Aufguss oder in Duftlampen zum Einsatz. Die in der Aroma-Therapie verwendeten ätherischen Öle werden aus Pflanzen extrahiert, allen voran aus Thymian, Lavendel, Jasmin, Kamille und Sandelholz.

D	26, 28, 30, 32, 34, 38
CH	42, 44, 46, 54, 58, 60, 62, 64, 66, 68, 72, 74, 76
A	82, 84, 86, 90, 92, 94, 96, 98, 100, 104, 110, 112, 114, 116, 118, 120, 126
I	130, 132, 136

Atem-Therapie
Es gibt zahlreiche Formen der Atem-Therapie, die sich weniger in ihrer Zielrichtung als vielmehr in ihrer Methodik unterscheiden. So gibt es beispielsweise Methoden, bei denen mit dem so genannten „unbewussten Atem", dem „willentlichen Atem" oder dem „zugelassenen Atem" der behandelten Person gearbeitet wird. Die Therapie geht davon aus, dass von den menschlichen Körperfunktionen der Atem am intensivsten mit allen anderen Ebenen des Menschen verknüpft ist. Die Atembewegung beeinflusst demnach nicht nur die Herzfunktion, den Blutkreislauf und die Sauerstoffversorgung, sondern auf der Ebene des Zentralnervensystems ebenso die Bewusstseinsvorgänge des Menschen und damit auch sein Gefühls- und Empfindungsleben.

D	26, 28, 30, 32, 36, 38
CH	42, 44, 58, 66, 70, 74
A	96, 110, 112

Autogenes Training
Das autogene Training ist eine auf Autosuggestion basierende Technik zur Entspannung, die Anfang des 20. Jahrhunderts vom Berliner Psychiater Johannes Heinrich entwickelt wurde. Mittlerweile ist autogenes Training eine allgemein anerkannte Methode, um Konzentrationsstörungen, Müdigkeit, Stress, Nervosität, Schlafstörungen und psychosomatischen Störungen wie Kopfschmerzen, Verdauungsstörungen oder Bluthochdruck entgegenzuwirken. Der Ruhezustand des Körpers

Entspannung / Erfrischung

ist durch spezielle Empfindungen gekennzeichnet. Zum Beispiel führt die Entspannung von Muskelpartien in bestimmten Gliedmaßen zu einem Schweregefühl, eine gute Durchblutung wiederum zu einem allgemein wohligen Wärmegefühl.

D	26, 28, 30, 38
CH	42, 44, 46, 48, 56, 58
A	88, 92, 96, 106, 110, 112, 114, 118
I	132

Ayurveda

Ayurveda stammt aus dem indischen Sanskrit und setzt sich aus den Wörtern Ayur (Leben) und Veda (Wissen) zusammen. Die traditionelle indische Heilkunst ist eine Kombination aus empirischer Naturlehre und Philosophie, bei der Körper, Geist und Seele wieder in Einklang gebracht werden sollen. Ayurveda inkludiert eine Reihe von Behandlungen, von Ganzkörper-Ölmassagen über Entschlackungskuren, die auf die unterschiedlichen Temperamente oder Energien – die so genannten Doshas Vata (Wind, Luft), Pitta (Feuer und Wasser) und Kapha (Erde und Wasser) – abgestimmt sind, bis zu Reinigungsprozeduren des Kopfes mit Öl, wodurch sich „psychischer Ballast" verflüchtigen soll.

D	26, 28, 30, 34, 36
CH	42, 50, 54, 56, 58, 60, 66, 68, 74
A	86, 88, 90, 92, 100, 108, 110, 112, 114, 118, 120, 122, 124
I	130, 132, 134, 136

Entspannungs-Therapie

Bei dieser Therapie macht man sich die neurovegetativen und psychischen Punkte zunutze. Dabei orientiert man sich am Prinzip der progressiven Muskelentspannung des US-Physiologen Edmund Jacobson (1885–1976), bei dem in einer festgelegten Abfolge die Aufmerksamkeit auf bestimmte Muskelgruppen gelenkt wird. Diese werden für einige Sekunden angespannt und anschießend wieder gelockert, wodurch zunehmend ein entspannter Zustand erreicht wird.

D	26, 28, 30, 32, 34, 36, 38
CH	42, 44, 46, 48, 52, 56, 58, 60, 64, 66, 70, 72, 74
A	80, 82, 84, 86, 90, 92, 96, 100, 104, 110, 112, 114, 118, 120, 124, 126
I	132, 136

Farb-Therapie

Farben sind Schwingungen, über die wir Ausgeglichenheit, Entspannung, Ruhe und Wohlgefühl erzeugen können. Die Farb-Therapie macht sich diese Wirkung auf die menschliche Psyche und den Organismus zunutze. Mit Speziallampen werden bestimmte Körperteile oder der ganze Körper bestrahlt, wodurch das Wachstum der Bauzellen im Körper positiv beeinflusst wird. Über unsere Sinnesorgane nehmen wir Farbschwingungen in jede Zelle unseres Körpers auf, wo sie dann ihre wohltuende Wirkung entfalten können und den Farb- bzw. Energiehaushalt ausgleichen.

D	26, 28, 30, 34
CH	54, 56, 58, 64, 72, 74
A	84, 86, 96, 114, 118, 122
I	130

Klangschalen-Massage

Der Klang-Massage, auch Klangschalen-Massage genannt, liegen uralte Erkenntnisse über die Wirkung von Klängen zugrunde, die seit mehreren tausend Jahren in der indischen Heilkunst angewendet werden. Bei dieser

Massage werden Klangschalen unterschiedlicher Größe und aus verschiedenen Metalllegierungen auf den Körper gelegt und angeschlagen. Durch die Vibration entsteht ein Gefühl, als ob der ganze Körper in Schwingung versetzt wird. Dieses Phänomen löst tiefe Entspannung und allgemeines Wohlbefinden aus. Klang-Massagen können sowohl bei körperlichen als auch bei seelischen Problemen helfen. Behandelt werden zudem allgemeine Stresssymptome, Muskelverspannungen oder Verkrampfungen.

D	28, 30, 32, 38
CH	44, 46, 50, 58, 74
A	90, 92, 96, 100, 108, 110, 120, 122
I	136

La Stone-Therapie

Die La Stone-Therapie wurde von Mary Dolores Nelson, einer Heilmasseurin aus Tucson in den USA, entwickelt und basiert teils auf alten indianischen schamanischen Heilweisen. Der Körper wird dabei zuerst mit anregenden Aromaölen eingerieben, bevor rundgeschliffene erhitzte Lavasteine auf spezielle Körperpartien (genau genommen die Energiezentren des Körpers) gelegt werden. Zusätzlich werden kalte Steine gezielt auf jene Stellen platziert, die zu Entzündungen neigen. Aufgrund dieses Wärmekontrasts lockert und entspannt sich die Muskulatur, die Durchblutung wird gefördert, und die Selbstheilungskräfte des Körpers werden aktiviert. Im Anschluss daran folgt eine Massage mit warmen und ausgekühlten Steinen.

D	26, 28, 30, 32, 34, 36, 38
CH	42, 44, 46, 48, 50, 52, 54, 58, 60, 62, 64, 66, 68, 70, 72, 74, 76
A	80, 82, 86, 90, 92, 96, 98, 100, 102, 104, 106, 108, 110, 114, 120, 122, 124
I	130, 136

Lomi Lomi Nui

Lomi Lomi Nui hat seine Wurzeln in der traditionellen Heilkunst der Insel Hawaii. Lomi ist dort der hawaiianische Ausdruck für „kneten, drücken, reiben", die Verdoppelung des Wortes bedeutet die Verstärkung der Massage. Nui bedeutet „einzigartig, wichtig". Lomi Lomi Nui ist also ein einzigartiges intensives Erlebnis, das für inneres als auch äußeres Wohlbefinden sorgt. Zu Beginn wird der Körper mit dem Öl der Kukui-Nuss eingerieben und dann von einem Masseur geknetet, gedehnt und gelockert. Lomi Lomi Nui ist mehr als eine Massage. Es ist eine ganzheitliche Heilmethode, die das Ziel verfolgt, das Gleichgewicht (Lokahi) von Körper, Geist und Seele zu erreichen.

D	26, 28, 30, 32, 34, 36
CH	42, 46, 50, 58, 64, 66, 70, 74, 76
A	84, 92, 96, 100, 104, 120, 122, 124

Lulur

Lulur (javanesisch für Hautschutz) ist eine traditionelle indonesische Körperbehandlung, bei der asiatische Kräuter, Gewürze, Blumen, Joghurt sowie Öle mit verschiedenen Duftessenzen zum Einsatz kommen. Die Behandlung beginnt mit einer traditionellen indonesischen Massage mit aromatischen Ölen. Es folgt ein Ganzkörperpeeling (mit Essenzen wie etwa Süßholz, Safran, Ingwer, Zimt), das die Blutzirkulation anregt und Gelenks- und Muskelschmerzen lindert. Danach wird durch eine kühlende Joghurtmassage die Haut neutralisiert und gestärkt. Den Abschluss bildet ein warmes Blütenbad mit balinesischen Blumenextrakten und -blättern.

D	26, 28, 32
CH	46
A	100

Entspannung / Erfrischung

Lymphdrainage

Ist eine sanfte Form der Massage, die in den 1930er Jahren von Dr. Emil Vodder zur Anregung des Lymphabflusses entwickelt wurde. Man nannte sie „manuelle Lymphdrainage", weil diese Methode ausschließlich mit den Händen ausgeführt wird. Die überaus entspannende Wirkung beruht auf einer Weiterleitung der Gewebsflüssigkeit über die Lymphgefäße. Die sanfte Grifftechnik fördert den Abfluss der Lymphe und die Filterwirkung der Lymphknoten. Es kommt zur Reinigung der Körperflüssigkeiten und zu einer vermehrten Bildung weißer Blutkörperchen, die wesentlich zur Immunabwehr beitragen. Eine Lymphdrainage beeinflusst das vegetative Nervensystem, wirkt dadurch sehr beruhigend und fördert den Stressabbau.

D	26, 28, 30, 32, 34, 36, 38
CH	42, 44, 46, 50, 52, 54, 56, 58, 60, 62, 64, 66, 68, 70, 72, 74, 76
A	80, 82, 84, 86, 88, 90, 92, 94, 96, 98, 100, 102, 104, 106, 108, 110, 112, 114, 116, 118, 120, 122, 124, 126
I	130, 132, 134, 136

Massage

Die Massage ist eine der ältesten Heilanwendungen und hat ihren Ursprung in Asien sowie im alten Ägypten. In Europa wurde sie durch den griechischen Arzt Hippokrates (460–375 v. Chr.) bekannt. Heutzutage werde Massage-Therapien nicht mehr von ÄrztInnen, sondern von MasseurInnen oder PhysiotherapeutInnen ausgeführt. Im Laufe der Zeit begannen sich einzelne Techniken sehr stark in ihren theoretischen Grundlagen voneinander zu unterscheiden. Im Wesentlichen dient diese Therapieform zur psychischen Entspannung, zur Entspannung der Muskulatur sowie von Haut- und Bindegewebe, zur Schmerzlinderung, Steigerung der Durchblutung und zur Verbesserung des Zellstoffwechsels im Gewebe.

D	26, 28, 30, 32, 34, 36, 38
CH	42, 44, 46, 48, 50, 52, 54, 56, 58, 60, 62, 64, 66, 68, 70, 72, 74, 76
A	80, 82, 84, 86, 88, 90, 92, 94, 96, 98, 100, 102, 104, 106, 108, 110, 112, 114, 116, 118, 120, 122, 124, 126
I	130, 132, 134, 136

Meditation

Im allgemeinen Sprachgebrauch ist mit Meditation die passive (kontemplative) Form ohne äußere Reize gemeint. Der Zustand, der erreicht werden soll, kann je nach Art der Meditation sehr unterschiedlich sein. Wesentlich ist in jedem Fall das Erreichen eines Zustands der entspannten Aufmerksamkeit und die Fähigkeit, nicht nur die Wahrnehmung von Reizen, sondern jegliche Gedanken auf ein Mindestmaß zu reduzieren bzw. gänzlich abzuschalten. Seit den 1970er Jahren haben indische Gelehrte auf den westlichen Menschen zugeschnittene Meditationstechniken entwickelt, die als Mittel gegen Zivilisationsfolgen wie Hektik, Lärm, Reizüberflutung und Stress immer beliebter wurden.

D	26, 28, 30, 32, 34, 36, 38
CH	42, 44, 46, 50, 62, 66, 74
A	88, 90, 92, 96, 104, 106, 110, 112, 114, 120, 124
I	132, 136

Pantai Luar

Pantai Luar ist die Bezeichnung für eine alte ostasiatische Massagetechnik und bedeutet übersetzt in etwa „an neuen Ufern". Zu Beginn der Behandlung wird der Körper mit einem angenehm duftenden und vorgewärmten Öl eingerieben. Anschließend werden die zu behandelnden Körperstellen mit einem heißen Kräuterstempel, der zuvor in ein auf 120 °C erhitztes Spezialöl getaucht wurde, in Form kurzer schneller Bewegungen berührt. Es folgt eine intensive Tiefenwärmebehandlung, und zum Schluss wird der Körper mit Massagebewegungen in einen Zustand der Entspannung geführt.

CH	68
A	108
I	136

Polarity

Die Polarity-Therapie ist eine spezielle Körpertherapiemethode, die Elemente indischer Heilmethoden mit denen klassischer Therapien vereinigt. Sie geht jedoch über die Denkweise der klassischen Medizin hinaus, da gezielt körpertherapeutische Verfahren eingesetzt werden, um über den Körper seelische und geistige Blockaden aufzuspüren und zu lösen. Die Methode geht davon aus, dass die Körperenergie stets zwischen zwei Polen fließt, genauso wie sich alles Leben immer in Polaritäten abspielt – wie Plus und Minus, Aktivität und Passivität. Das Ziel von Polarity ist es also, im Sinne eines ausgewogenen Lebens einen Ausgleich dieser Polaritäten herzustellen und Körper, Geist und Seele wieder in Gleichklang zu bringen.

Reiki

Reiki wurde vom Japaner Dr. Mikao Usui Anfang des 20. Jahrhunderts entwickelt. Der Begriff setzt sich aus den beiden japanischen Wörtern rei (Kosmos) und ki (Lebensenergie) zusammen und wird daher auch als „universale Lebensenergie" umschrieben. Reiki ist eine Form der Alternativmedizin und strebt eine ganzheitliche, also körperliche und seelische Heilung an, bei der sowohl der innere Wachstumsprozess als auch die Energiefelder des Menschen gestärkt werden. Bei der Anwendung stellt sich der Praktizierende als „Kanal kosmischer Energie" mit Hilfe seiner Hände (Handauflegen) zur Verfügung und lässt diese Energie beim Empfänger dorthin fließen, wo sie benötigt wird.

D	28, 30, 32, 36, 38
CH	50, 66, 74
A	86, 88, 90, 100, 104, 120, 122
I	132, 136

Shiatsu

Die japanische Fingerdruckmassage (Shi = Finger, Atsu = Druck) basiert auf dem Wissensschatz des Daoismus – der ältesten Lebensphilosophie Chinas –, der Traditionellen Chinesischen Medizin und der japanischen Medizin. Shiatsu umfasst sowohl Berührungen (Bewegen, Dehnen, Daumen- und Handballendruck entlang der Meridiane) als auch Dehnübungen, die als „Do-In" bezeichnet werden. Dabei arbeitet der Behandelnde weniger mit Muskelkraft als mit seinem Körpergewicht und versucht, während der Behandlung eine energetische Beziehung zum Klienten herzustellen. In der heute gebräuchlichen Anwendung, die sich im 20. Jahrhundert entwickelte, kommen auch Einflüsse aus der westlichen manuellen Therapie, der Psychologie, der Physiologie und der Anatomie zum Tragen.

D	26, 28, 30, 32, 36, 38
CH	42, 44, 46, 48, 50, 54, 56, 58, 66, 74, 76
A	82, 84, 86, 90, 96, 100, 104, 110, 120, 122, 124
I	132, 134, 136

Entspannung / Erfrischung

Thai-Massage

Die Thai-Massage, bekannt auch als Nuad, kann auf eine etwa dreitausend Jahre alte Tradition zurückblicken. Bei der Behandlung erfolgt eine mechanische Einwirkung auf Akupressurpunkte, die auf innere Organe reflektieren. Dazu werden die Energielinien des Körpers (vergleichbar mit der chinesischen Akupunktur) systematisch bearbeitet. Zur Behandlung werden Daumen, Handballen, Ellenbogen und auch Füße eingesetzt, wodurch die Muskulatur effektvoll gelockert und gedehnt werden kann. Sie ist ein bewährtes Heilmittel gegen stressbedingte Verhärtungen, die einzelne Organe oder den Organismus in seiner Gesamtheit belasten.

D	32
CH	44, 46, 68, 76
A	124

Unterwasser-Massage

Die Unterwasser-Massage (Unterwasserdruckstrahl-Massage) bezeichnet eine manuelle Massage in einem Vollbad oder mit Hilfe eines regulierbaren Druckstrahls von etwa 0,5 bis 2,5 Bar. Die therapeutische Wirkungsbreite ist deshalb so groß, weil sich die Muskulatur bereits im warmen Wasser bei etwa 37 °C zu entspannen beginnt. Der Druckstrahl, der unter der Wasseroberfläche gegen den im Bade liegenden Körper gerichtet ist, kann somit tiefer und effektiver einwirken. Automatische Muskelentspannung im Wasser sowie Auftrieb und die Wärme unterstützen die angenehme Wirkung der Unterwasser-Massage.

D	26, 28, 36
CH	44, 46, 66, 70
A	82, 90, 92, 122, 126
I	132

Watsu

Wurde vom US-Amerikaner Harold Dull erfunden, der zunächst in Japan Shiatsu-Techniken studierte, bevor er begann, diese im Wasser anzuwenden. Daher auch der Name WAT(er, Shiat)SU. Watsu ist im weitesten Sinne eine Massage-Therapie, die auf den Lehren des Zen-Shiatsu und der Wassergymnastik basiert. Anders als bei der klassischen Wassergymnastik befindet sich der Therapeut mit der zu behandelnden Person im Wasser und bewegt diese nach vorgegebenen Figuren. Die Behandlung erfolgt im 35 °C warmen Wasser und nützt sowohl die Auftriebskraft als auch die Entspannung durch Wasserwärme aus. Der so entlastete Körper wird passiv gedehnt und gestreckt, es kommt zur Entlastung der Gelenke und zu einer verbesserten Durchblutung.

D	28, 32, 36
CH	42, 46, 52

Whirlpool

Ein Whirlpool ist nicht nur Badespaß und angenehmer Zeitvertreib, er findet auch in der Gesundheitsvorsorge und -förderung ein breites Anwendungsfeld. Nachweisbare Gesundheitseffekte treten vor allem dann ein, wenn in regelmäßigen Abständen ein Sprudelbad genommen wird. Die Unterwasser-Massage regt nicht nur den Stoffwechsel an und fördert den Blutkreislauf, sondern verspricht auch bei Rheuma, Herz-Kreislauf-Problemen, Rücken- und Muskelschmerzen Linderung.

D	26, 28, 30, 32, 34, 36, 38
CH	42, 44, 46, 48, 50, 52, 54, 56, 62, 64, 66, 68, 70, 72, 76
A	80, 84, 86, 88, 90, 92, 94, 96, 98, 100, 102, 104, 106, 108, 110, 114, 120, 122, 124, 126
I	130, 132, 136

Schönheit

Ägyptos-Wickel

Für den Wickel werden frische Baumwollbandagen in einen Wärmebehälter mit Vitalerdelösung gelegt, damit sie sich mit dieser vollsaugen. Die Vitalerde besteht aus reinem Löß, Salz aus dem Toten Meer und Mineralien. Der Ägyptos-Wickel ist vor allem auf längere Dauer sehr wirkungsvoll, da er nicht entwässert, sondern die Haut entgiftet. Angenehmer Nebeneffekt: Der Löß reguliert die Hautfeuchtigkeit, und das Salz aus dem Toten Meer trocknet die Haut nicht so stark aus.

A	124
I	136

Algen-Packungen

Bereits die alten Griechen nutzten die Wirksamkeit von Algen für Behandlungen. Allerdings sind nicht alle Algenarten für so eine Behandlung geeignet. Es werden vornehmlich spezielle Algen, die an den Küsten Großbritanniens, Frankreichs und Norwegens wachsen, für Algen-Packungen eingesetzt. Der Körper wird mit einem Algenmineralschlamm eingecremt, wodurch einerseits die Durchblutung und die Lymphzirkulation angeregt werden und andererseits der Körper entgiftet wird. Algen sind besonders reich an Spurenelementen, Vitaminen, Mineralstoffen und Aminosäuren. Sie spenden der Haut intensive Feuchtigkeit, wirken entschlackend und bringen den Stoffwechsel wieder in Schwung.

D	26, 28, 30, 34, 36, 38
CH	42, 44, 46, 50, 52, 54, 58, 60, 62, 64, 66, 68, 70, 72, 74
A	82, 84, 86, 88, 90, 92, 94, 96, 98, 102, 104, 106, 108, 110, 112, 114, 116, 120, 122, 124, 126
I	130, 132, 134, 136

Bäder

Die Behandlung mit Bädern – ob zum Abbau von Stress, zur Hautpflege oder zur reinen Muskelentspannung – ist sicherlich die angenehmste Art, sich zu regenerieren oder zu erfrischen. Bereits bei einer Temperatur von etwa 34 °C werden im Organismus zahlreiche Reaktionen ausgelöst. Die wichtigsten Wirkungen spielen sich in der Haut, dem Herz-Kreislauf-System, der Muskulatur und dem Stoffwechsel ab. Zusätzlich haben die Dämpfe eine allgemein wohltuende, beruhigende oder erfrischende Wirkung.

D	26, 28, 30, 32, 34, 36, 38
CH	42, 44, 46, 50, 52, 54, 56, 58, 62, 64, 66, 68, 70, 72, 74, 76
A	80, 82, 84, 86, 88, 90, 92, 96, 98, 100, 102, 104, 106, 108, 110, 114, 116, 118, 120, 122, 124, 126
I	130, 132, 134, 136

Brechelbad

Das Brechelbad ist ein Kräuterdunstbad, das seit dem 18. Jahrhundert angewandt wird. Damals gehörte zu jedem größeren Gehöft in den Alpenländern auch ein Badehaus mit angeschlossenem Brechelbad. Der beheizte Fußboden wird mit Tannenzweigen ausgelegt, in der Mitte des Raumes befindet sich ein Badeofen mit den Kräutern zur Bedampfung. Der Kräuterdunst sammelt sich an der Decke und wird über die Seitenwände wieder nach unten gedrückt. So gleitet der Dampf langsam den Rücken entlang und erzeugt ein wohliges, entspanntes Gefühl. Die Kräuter und ätherischen Öle setzen ihre Wirkstoffe in der feucht-warmen Luft auf optimale Weise frei und wirken befreiend auf die Atemwege.

D	28, 34, 38
A	84, 92, 120

Dampfbad

Das Dampfbad (auch als Dampfsauna oder Nebelbad bezeichnet) ist eine Sauna-Variante mit niedrigerer Temperatur und höherer Luftfeuchtigkeit. Die idealen Bedingungen für eine körperliche Regeneration liegen bei einer Temperatur von 40 bis 50 °C sowie einer Luftfeuchtigkeit von rund 100 Prozent. Das Dampfbad kann durch den Zusatz von Eukalyptus zur Linderung bei Erkältungskrankheiten beitragen. Durch einen Kaltwasserguss kann zusätzlich der Kreislauf angeregt werden.

D	26, 28, 30, 32, 34, 36, 38
CH	42, 44, 46, 50, 52, 54, 56, 58, 60, 62, 64, 66, 68, 70, 72, 74, 76
A	80, 82, 84, 86, 88, 90, 92, 94, 96, 98, 100, 102, 104, 106, 108, 110, 112, 114, 116, 118, 120, 122, 124, 126
I	130, 132, 134, 136

Gesichts-/Beauty-Behandlung

Zur klassischen Gesichtsbehandlung gehören unter anderem eine Hautdiagnose, eine Tiefenreinigung (Beseitigung von Hautunreinheiten), ein Peeling (mit einer Paste werden Hautschuppen vorsichtig abgerieben), verschiedene Masken oder Packungen sowie Augenbrauenkorrekturen. Auch Gesichtsmassagen zur besseren Durchblutung der Haut werden häufig angeboten. Weitere Leistungen: Aromabehandlungen, Augenkompressen, Ampullen sowie das Auftragen von Tages-Make-up.

D	26, 28, 30, 32, 34, 36, 38
CH	42, 44, 46, 48, 50, 52, 54, 56, 58, 60, 62, 64, 66, 68, 70, 72, 74, 76
A	80, 82, 84, 86, 88, 90, 92, 94, 96, 98, 100, 102, 104, 106, 108, 110, 112, 114, 116, 118, 120, 122, 124, 126
I	130, 132, 134, 136

Hamam

Auch als „Türkisches Bad" bekannt. Ein Hamam ist ein Dampfbad, das in einen Heißluftraum mit 50 °C und einen Warmluftraum von 40 °C aufgeteilt ist. Ein dritter Raum dient zur Abkühlung bzw. zum Ausruhen. Mit einem Peelinghandschuh wird die Haut gereinigt und das Bindegewebe optimal durchblutet. Das geschieht immer im Wechsel mit warmen Wassergüssen, wobei sich die Poren öffnen und die Hautatmung verbessert wird. Die anschließende Hamam-Massage erfolgt mit Seifenschaum, auf die wieder Wasseraufgüsse folgen. Im letzten Raum, dem so genannten „Sogukluk" besteht die Möglichkeit, sich wieder abzukühlen und auszuruhen.

D	26, 28, 30, 34, 36, 38
CH	46, 50, 54, 56, 58, 62, 64, 66, 68, 72
A	88, 100, 102, 110, 122, 124
I	130, 132, 134, 136

Hautanalyse

Die objektive Bestimmung des Hautzustands sollte Voraussetzung bei der persönlichen Auswahl von Pflegeprodukten sein. Bei einer Hautanalyse wird die Beschaffenheit der Haut untersucht, bevor die Behandlung beginnt. Mit Hilfe dieser Analyse kann festgestellt werden, ob erweiterte Äderchen vorhanden sind, zusätzlich können Feuchtigkeitsgrad, Faltentiefe, Verhornung, Schuppungseigenschaften und Spannung diagnostiziert werden.

D	26, 28, 30, 32, 34, 36, 38
CH	42, 44, 46, 50, 54, 56, 58, 62, 64, 66, 68, 70, 72, 74, 76
A	80, 82, 84, 86, 88, 90, 92, 94, 96, 98, 100, 104, 106, 108, 110, 112, 114, 116, 118, 120, 122, 124, 126
I	130, 132

CARPE DIEM

Schönheit

Kohlensäurebad

Das Kohlensäurebad besteht aus sprudelndem kohlensäurehaltigen Wasser. Die Badedauer im 30 bis 33 °C warmen Wasser beträgt 20 Minuten mit einer anschließenden Nachruhe von einer halben Stunde. Der Körper nimmt dabei eine beträchtliche Menge CO_2-Gas über die Haut auf, worauf die Herzfrequenz zurückgeht und der Stoffwechselprozess gedämpft wird. Der Aufenthalt in einem Kohlensäurebad fördert die Hautdurchblutung, da die Viskosität des Blutes abnimmt und auf diese Art besser die Kapillaren durchströmen kann. Es beruhigt das Nervensystem und senkt den systolischen und diastolischen Blutdruck.

D	28, 32
A	126

Laconium

Für alle, die das Schwitzen bei hohen Temperaturen nicht vertragen, ist das Entschlackungsbad im Laconium besonders geeignet. Bei dieser bereits im alten Rom entwickelten Saunaform beträgt die Temperatur nur 55 bis 75 °C. Dadurch erwärmt sich der Körper langsam, und die intensive Entschlackung und Entgiftung setzt nach etwa 15 Minuten ein. Zusätzlich kann der Raum mit Duftstoffen angereichert werden. Da die Temperatur recht sanft gesteigert wird, wird der Kreislauf nur minimal belastet, und die Schwitzdauer verlängert sich. Durch das Schwitzen im Laconium wird die Herztätigkeit angeregt und der Blutdruck reguliert.

D	26, 28, 34, 36, 38
CH	46, 50, 68, 72
A	84, 86, 90, 92, 100, 102, 104, 106, 112, 118, 124, 126
I	130, 132, 136

Maniküre/Pediküre

Die kosmetische Pflege von Händen und Füßen gehört für viele Menschen bereits zum Standardrepertoire. Die Maniküre (Handpflege) umfasst unter anderem das Baden der Hände im warmen Seifenwasser, Schneiden und Feilen der Fingernägel sowie das Eincremen der Hände. Die Pediküre (Fußpflege) beinhaltet ein Fußbad, das Schneiden und Feilen der Zehennägel, die Entfernung überschüssiger Hornhaut sowie das Eincremen und Massieren der Füße. Die Beigabe von ätherischen Ölen, Kräutern und das Auftragen von Nagellack können die Behandlung abrunden.

D	26, 28, 30, 32, 34, 36, 38
CH	42, 44, 46, 48, 50, 52, 54, 56, 58, 60, 62, 64, 66, 68, 70, 72, 74, 76
A	80, 82, 84, 86, 88, 90, 92, 94, 96, 98, 100, 102, 104, 106, 108, 110, 112, 114, 116, 118, 120, 122, 124, 126
I	130, 132, 134, 136

Packungen

Die cremigen Auflagen und Pasten, die auf der Haut nicht antrocknen dürfen, versorgen die behandelten Körperstellen mit wichtigen Nähr- und Pflegestoffen. Verwendet werden unter anderem Öl- und Kräuterpasten, Heilerde oder Fango. Die bestrichenen Körperteile werden anschließend mit feuchten oder trockenen Tüchern (es können auch Folien sein) umwickelt. Durch die Wärme können sich die Wirkstoffe optimal auf der Haut entfalten. Sie entspannen die Muskulatur und regen die Durchblutung an.

D	26, 28, 30, 32, 34, 36, 38
CH	42, 44, 46, 48, 50, 52, 54, 58, 60, 62, 64, 66, 68, 70, 72, 74, 76
A	80, 82, 84, 86, 88, 90, 92, 94, 96, 98, 100, 102, 104, 106, 110, 112, 114, 116, 118, 120, 122, 124, 126
I	130, 132, 134, 136

Rasul

Ein orientalisches Pflegebad, das die vier Grundelemente Feuer, Erde, Wasser und Luft verbindet. Rasul ist eine Kombination aus milder Überwärmung, einer Ganzkörperschlammbehandlung, Inhalation und Aroma-Therapie. Zu Beginn gibt es eine Reinigungsdusche, danach werden Schlämme in unterschiedlichen Farben und Körnungen auf den gesamten Körper aufgetragen. Mit aromatisiertem Dampf wird der Raum befeuchtet und erwärmt, der aufgetragene Schlamm wird feucht und sanft in die Haut eingerieben. So werden nicht nur Hautschüppchen entfernt, sondern auch das Unterhautbindegewebe wird gefestigt und der Stoffwechsel angeregt. Schlacken und Schadstoffe werden aus der Haut herausgelöst. Den Abschluss bildet wieder eine Reinigungsdusche, nach der auf die noch feuchte Haut Pflegeöle aufgetragen werden, die sie glatt und geschmeidig machen.

D	26, 28, 30, 34, 36, 38
CH	50, 52, 68
A	88, 92, 100, 102, 106, 116, 122, 124
I	132, 136

Römisches Bad

Der Besucher durchwandert nacheinander mehrere unterschiedlich temperierte Räume zwischen 40 und 70 °C. Die langsam ansteigenden bzw. absteigenden Temperaturen geben dem Körper ausreichend Zeit, sich an seine Umgebung zu gewöhnen und anzupassen, wodurch das Herz-Kreislauf-System stark entlastet wird. Die niedrigen Temperaturen – im Gegensatz zur klassischen Sauna – begünstigen eine schonende Behandlung. Das römische Bad entspannt und fördert aufgrund des feuchten Dampfes die Durchblutung der Atemwege.

D	28, 30, 34, 36, 38
CH	42, 44
A	84, 86, 92, 96, 100, 104, 106, 122, 124
I	132, 136

Sauna/Biosauna

Die Sauna existiert in vielen Variationen und Ausführungen. Allen gemeinsam ist aber ein Wechselbad aus Erwärmung des Körpers in einem Raum aus Holz (die Temperatur liegt zwischen 80 und 100 °C) mit anschließender Abkühlung an der Außenluft und mit kaltem Wasser. Die Abfolge von Hitze und Kaltbad entspannt die Muskeln, das Schwitzen bewirkt eine gründliche, aber schonende Körperreinigung. In der Biosauna sind die Temperaturen mit ca. 50 °C niedriger als in der klassischen Sauna, die Luftfeuchtigkeit liegt bei 40 bis 55 Prozent. Deshalb gilt sie auch als schonender für den Kreislauf und wird oft zusätzlich mit einer speziellen Beleuchtung (Lichttherapie) und ätherischen Ölen benutzt. Die Aufenthaltszeit ist mit 15 bis 30 Minuten länger als in der normalen Sauna.

D	26, 28, 30, 32, 34, 36, 38
CH	42, 44, 46, 48, 50, 52, 54, 56, 58, 60, 62, 64, 66, 68, 70, 72, 74, 76
A	80, 82, 84, 86, 88, 90, 92, 94, 96, 98, 100, 102, 104, 106, 108, 110, 112, 114, 116, 118, 120, 122, 124, 126
I	130, 132, 134, 136

Tepidarium

Ist ein Entspannungsraum, ähnlich einer Sauna, aus Stein oder Keramik. Das Raumklima beträgt 30 bis 40 °C, die beheizten Steinliegen sind mit 38 °C temperiert. Aufgrund der dem Körper ähnlichen Temperatur ist der Aufenthalt schonend und anregend zugleich, der Kreislauf wird keinen Belastungen ausgesetzt. Ein weiterer

Schönheit

gesundheitsfördernder Aspekt wird durch die Verdampfung von gelösten Duftessenzen erzielt. Das Immunsystem wird durch die angenehme Strahlungswärme gestärkt.

D	26, 34, 36, 38
CH	42, 68, 76
A	84, 90, 92, 100, 104, 106, 108, 112, 124, 126
I	130, 132, 136

Thalasso

Der Begriff Thalasso ist griechischen Ursprungs und bedeutet Heilbehandlung durch das Meer. Das aufbereitete Meerwasser wird vorwiegend für Wannenbäder oder Algenpackungen verwendet. Der Körper scheidet durch das warme Wasser überflüssige Schlacken aus, die Hautporen öffnen sich, sodass die im Meerwasser vorhandenen Spurenelemente leichter in den Körper eindringen können. Die Kombination von Algen, Schlick und Mineralien hat sowohl eine vorbeugende als auch eine heilende Wirkung.

D	30, 34, 36, 38
CH	42, 44, 46, 50, 52, 58, 62, 66, 68, 72, 74
A	82, 84, 86, 90, 92, 94, 96, 98, 104, 106, 110, 112, 114, 116, 120, 122, 124, 126
I	130, 134, 136

Ultraschall-Behandlung

Als Ultraschall bezeichnet man Schallwellen, die oberhalb der menschlichen Hörschwelle liegen. Mit seinen chemischen, thermischen und mechanischen Reizen verstärkt Ultraschall die lokale Wirkstoffaufnahme von verschiedenen Substanzen. Diese können dadurch schneller und tiefer in die Haut eindringen und so ihre optimale Wirkung entfalten. Ultraschallwellen regen den Abtransport von Schlacken an, verbessern die Durchblutung, die Nährstoffaufnahme der Haut sowie den Lymphabfluss und aktivieren den Zellstoffwechsel. Unterstützt durch die gewebe- und zellaktivierende Mikromassage, können sich Haut und Säureschutzmantel wieder regenerieren.

CH	42, 46, 50, 58
A	84, 96, 100, 104, 106, 114, 126

Wein-Therapie/Trester

Dass die wohltuenden Eigenschaften des Weins auch im Bereich der Schönheitspflege zum Einsatz kommen, ist zwei Winzern aus Frankreich zu verdanken. Die Wein-Therapie, auch Vino-Therapie genannt, nutzt die angenehmen Eigenschaften des Weins in Form von Bädern und Massagen. Basis dieser Behandlungen ist die rote Weinbeere als Traube sowie in Form von Most oder Wein. Der Trester hingegen wird zu Packungen, Cremen oder Ölen verarbeitet und auf die Haut aufgetragen. Wissenschaftlichen Untersuchungen zufolge eignet sich Wein aufgrund seiner antioxidativen Eigenschaften zur Vorbeugung bzw. zur Bekämpfung von Hautproblemen. Die Kur dient zur allgemeinen Entspannung und Entschlackung, sie wirkt sich positiv auf Immunsystem und den Fettstoffwechsel aus. Trester-Behandlung: Als Trester werden die festen Traubenreste (Kerne, Schale) nach dem Keltern bezeichnet. Die Trester-Behandlung ist in ihrer Wirkung mit einem Peeling vergleichbar. Verdichtete Hornschichten lösen sich, die Haut wird wieder funktionstüchtiger. Es lockert sich die tiefe Hautschicht, wodurch auch der Hautalterung entgegengewirkt werden kann.

D	28, 30, 36, 38
CH	42, 44, 46, 50, 62, 68
A	80, 90, 108, 110, 118, 122
I	134

Fitness

Aqua-Fitness/Aquarobic

Aqua-Fitness ist eine Mischung aus Aerobic-Bewegungen und Jogging im brusttiefen oder tiefen Wasser unter Zuhilfenahme von Geräten und Trainings-Accessoires. Durch den Auftrieb des Wassers wird der Stütz- und Bewegungsapparat entlastet, die Gelenkigkeit erhöht und die Muskulatur entspannt. Vor allem aber absolviert man ein richtiges Herz-Kreislauf-Training. Aquarobic ist Aerobic im Wasser, wobei die Intensität meist höher ist als bei einer herkömmlichen Wassergymnastik. Durch den Wasserwiderstand wird die Muskulatur gestärkt, die Ausdauer verbessert und die Durchblutung gefördert. Sowohl Aqua-Fitness als auch Aquarobic eignen sich für jede Altersstufe und jeden Fitnessgrad, sogar für Nichtschwimmer.

D	26, 28, 30, 32, 34, 36, 38
CH	42, 44, 46, 50, 52, 54, 56, 58, 62, 64, 66, 68, 70, 72
A	80, 82, 84, 86, 88, 92, 94, 96, 100, 104, 106, 108, 112, 114, 118, 120, 122, 124, 126
I	132, 136

Callanetics

Eine spezielle Form der Gymnastik, die auf der Grundlage des Balletts basiert und in kleinen Bewegungen gezielt die Tiefenmuskulatur des Körpers trainiert. Durch die genauen Bewegungsabläufe, die oftmals bis zu einhundert Mal in Folge ausgeführt werden, soll vor allem die Muskulatur von Hüfte, Po und Beinen gekräftigt werden. Der Rücken wird dabei gänzlich entlastet. Die Bewegungen sind klein und gelenksschonend, bewirken aber durch die häufige Wiederholung eine Straffung des Gewebes. Callanetics hat sich daher auch als Unterstützung bei Cellulite-Behandlungen bewährt.

D	28, 38
A	86, 92, 94, 104, 108, 110
I	136

Feldenkrais

Feldenkrais oder Feldenkrais-Therapie ist ein körpertherapeutisches Verfahren, um Fehlhaltungen des Körpers zu korrigieren und chronische Verspannungen zu lösen. Die Methode dient dazu, Körper und Geist beweglich zu halten, und ist für all jene gedacht, die aufgrund von Schmerzen und Bewegungsbehinderung einen neuen Umgang mit sich selbst finden möchten. Man lernt überflüssigen Kraftaufwand aufzuspüren, um ihn dann zu verringern. Feldenkrais wird vor allem in der Gesundheitsvorsorge, als Verletzungsvorbeugung, zur Schmerzbewältigung und -linderung eingesetzt. Entwickelt wurde die Methode vom Kernphysiker Moshe Feldenkrais (1904–1984) in den 1940er Jahren.

D	30
CH	46
A	86, 96, 106, 124

Fitness

Fünf Tibeter

Die Fünf Tibeter gehören zu den ältesten fernöstlichen Methoden, um neue Kräfte und Energien zu tanken. Die Übungen dauern ca. 15 Minuten und werden zu Beginn drei Mal, später bis zu 21 Mal wiederholt. Durch die rhythmischen Bewegungen werden alle Muskeln, Bänder, Sehnen und Organe aktiviert, außerdem wird das Immunsystem gestärkt. Die konsequent durchgeführte Anwendung der Übungen verhilft zu besserer körperlicher Fitness, gesteigerter mentaler Stärke und höherer Konzentration.

D	28, 30, 38
CH	44, 52, 62
A	86, 88, 100, 104, 106, 120, 122
I	132, 134, 136

Hydrojet-Massage

Hydrojet ist eine Massagewanne, die den Körper von Kopf bis Fuß mittels kreisender Wasserstrahlen aus feinen Düsen pulsierend massiert. Im Hydrojet strahlt die Wärme des Wassers bis in tiefe Gewebsschichten, es wird sowohl das Herz-Kreislauf-System als auch die Durchblutung gefördert. Verspannungen lösen sich, und der Stoffwechsel wird aktiviert. Ein Vorteil dieser Anwendung ist, dass sie ohne Kreislaufbelastung oder lästiges Nachschwitzen passiert.

A	110

Nordic Walking

Eine aus Finnland stammende moderne Ausdauersportart, bei der schnelles Gehen durch den Einsatz von zwei Stöcken im Rhythmus der Schritte unterstützt wird. Durch die Stöcke wird der Oberkörper einschließlich der Rückenmuskulatur trainiert. Es verbessern sich die aerobe Ausdauer und die Herz-Kreislauf-Leistung, Muskelverspannungen werden gelöst. Nordic Walking ist ein effektives Training zur Gewichtsreduktion und eignet sich zur Rehabilitation nach Sportverletzungen.

D	26, 28, 30, 32, 34, 36, 38
CH	42, 44, 46, 48, 50, 52, 58, 62, 64, 66, 68, 72
A	80, 82, 86, 88, 90, 92, 94, 96, 98, 100, 104, 106, 108, 110, 112, 114, 118, 120, 122, 124, 126
I	132, 134, 136

Personal Coaching

Beim Personal Coaching kann man mit Hilfe eines persönlichen Trainers seine sportlichen Ziele erreichen. Basierend auf dem aktuellen Fitnesszustand erarbeitet der Personal Coach zunächst eine ganz auf seinen Klienten zugeschnittene Trainingsstrategie, die zumeist mit Tipps für eine bessere Ernährung und Entspannung ergänzt wird. Ein Vorteil des Personal Coaching ist die Motivation – manche Menschen können durch intensive persönliche Betreuung ihre sportlichen oder gesundheitlichen Ziele leichter erreichen. Auch Stressmanagement oder Entspannungstechniken lassen sich mit einem Personal Coach effektiver erarbeiten.

D	26, 28, 30, 32, 36, 38
CH	42, 44, 46, 48, 50, 52, 54, 56, 58, 62, 64, 66, 68, 72, 76
A	80, 82, 84, 86, 88, 90, 92, 94, 96, 100, 104, 106, 108, 110, 112, 114, 118, 120, 122, 126
I	132, 136

Pilates

Ist ein ganzheitliches figurformendes Körpertraining, bei dem Gelenke, Muskeln sowie das gesamte Bindegewebe miteinbezogen werden. Grundlage aller Übungen ist das Trainieren des so genannten „Powerhouse" – so wird bei Pilates die Körpermitte bezeichnet, von der alle Bewegungen ausgehen. Die Übungen beanspruchen die Muskeln sowohl auf der Dehnungs- als auch auf der Kräftigungsebene. Das Ziel von Pilates besteht darin, sich seiner Haltungs- und Bewegungsmuster bewusst zu werden, schlechte Gewohnheiten durch richtiges Verhalten zu ersetzen und das neuromuskuläre Gleichgewicht wiederherzustellen. Durch Pilates werden Körpergefühl und Sensomotorik verbessert, Rückenschmerzen wird vorgebeugt.

CH	42, 44, 54
A	126

Qi Gong

Ist eine aus China stammende Meditations-, Konzentrations- und Bewegungsform zur Kultivierung von Körper und Geist. Wörtlich übersetzt heißt Qi Gong „Atem"- oder „Energie-Übung" und bedeutet, mit der Lebensessenz Qi zu arbeiten. Mit Qi Gong wird die eigene Lebensenergie erspürt, gelenkt und harmonisiert. Die sehr langsam und weich ausgeführten Bewegungen wirken wohltuend, machen den Körper geschmeidig, stärken die Lebensenergie und verhelfen zu einer gesunden geistigen Verfassung.

D	28, 30, 34, 36, 38
CH	42, 44, 46, 48, 52, 54, 62, 72
A	80, 86, 88, 90, 92, 96, 104, 106, 108, 118, 120, 124, 126
I	136

Tai Chi

Ist eine sehr alte Bewegungskunst aus China, die in meditativer Achtsamkeit weich, ruhig und langsam fließend ausgeführt wird. Tai Chi entspricht weitestgehend den altchinesischen Kampftechniken, wobei gesundheitsfördernde und meditative Aspekte in die Bewegungsabläufe integriert wurden. Die anmutigen Bewegungen sind bei regelmäßiger Übung leicht zu erlernen und wirken sich positiv auf Gelenke und Organe aus. Sie entspannen und harmonisieren den geistig-emotionalen Zustand und bewirken Ausgeglichenheit, Frische, Klarheit und allgemeines Wohlbefinden.

D	26, 30, 32, 36, 38
CH	42, 46, 48, 54, 62, 66, 74
A	86, 92, 104, 108, 112, 124

Yoga

Ist ein aus Indien stammendes Meditationssystem und heißt übersetzt so viel wie „Verbinden des Körpers mit Seele und Geist". Yogaübungen verfolgen daher in der Regel den ganzheitlichen Ansatz, Körper, Geist und Seele in Einklang zu bringen. Es gibt verschiedene Formen von Yoga. Einige legen ihren Schwerpunkt mehr auf die geistige Konzentration, andere wiederum mehr auf die körperlichen Übungen und Positionen (Asanas) mit einer Betonung auf den gesundheitsfördernden Aspekt. Durch ein ausgefeiltes System von Körperhaltungen, Bewegungsabläufen und Atemtechniken hilft Yoga, den Körper zu regenerieren, zu kräftigen, zu dehnen und zu harmonisieren.

D	26, 28, 30, 32, 34, 36, 38
CH	42, 44, 46, 48, 50, 52, 54, 56, 58, 64, 66, 74
A	82, 86, 90, 92, 96, 100, 106, 108, 110, 120, 122, 126
I	132, 134, 136

Vorsorge

Akupunktur

Akupunktur wird seit über 5.000 Jahren praktiziert und stammt aus dem alten China. In Europa ist sie als Therapiemethode von der Weltgesundheitsorganisation (WHO) seit über dreißig Jahren anerkannt. Der Begriff setzt sich zusammen aus den Wörtern acus (Spitze, Nadel) und punctura (Stich), bedeutet also „Stiche mit Nadeln". Gemäß der Traditionellen Chinesischen Medizin sind 361 Akupunkturpunkte auf den Meridianen angeordnet. Mit feinen Nadeln wird durch das Einstechen in bestimmte Punkte die Lebensenergie stimuliert und der Energiefluss (das Fließen des Qi) beeinflusst. Während in Asien vorwiegend Nadeln zum Einsatz kommen, wird im westlichen Raum auch die Laser- oder Elektroakupunktur eingesetzt.

D	28, 30, 32
CH	42, 46, 48, 58, 70
A	86, 104, 106, 108

Ernährungs-/Fastenberatung

Die individuell abgestimmte Ernährung kann erheblich das Wohlbefinden verbessern. Ein Ernährungsberater hilft bei der richtigen Auswahl und Zusammenstellung der Nahrung. Medizinische Studien belegen, dass ein großer Prozentsatz aller Krankheiten ernährungsbedingt ist. Durch eine Änderung der Ernährungsgewohnheiten kommt es zu einer Normalisierung der Verdauungssäfte und zu einer Regulation des Blutdrucks. Das Heilfasten wiederum ist eine der ältesten Heilmethoden, um den Körper von Schadstoffen zu befreien, Krankheiten zu beheben und den Gesundheitszustand zu verbessern. Wichtig bei allen Kuren ist eine ausgiebige Flüssigkeitsaufnahme, um den Organismus bei der Ausscheidung von Giftstoffen zu unterstützen. Das Heilfasten selbst sollte jedoch nur über einen bestimmten Zeitraum und möglichst unter ärztlicher Anleitung erfolgen.

D	26, 28, 30, 32, 34, 36, 38
CH	42, 44, 46, 48, 54, 58, 62, 64, 66, 68, 70, 72
A	80, 86, 88, 90, 92, 94, 96, 100, 108, 112, 114, 120, 122, 126
I	132

Fango

So wird ein heißer Mineralschlamm vulkanischen Ursprungs bezeichnet, der Substanzen wie Eisenoxid, Tonerde, Magnesium und Kieselsäure enthält. Das aufbereitete Fangopulver wird auf bestimmte Körperteile aufgetragen. Diese werden dann zur optimalen Wärmespeicherung in Tücher oder Folien gehüllt. Fango kann als Packung, Umschlag oder Bad angewendet werden. Neben seiner schmerzlindernden Wirkung regt Fango auch den Stoffwechsel und die Durchblutung an. Im kosmetischen Bereich kann Fango zur Hautreinigung und zum Peeling eingesetzt werden.

D	26, 28, 30, 34, 36
CH	42, 44, 46, 50, 64, 66, 70, 72
A	82, 90, 92, 98, 104, 106, 108, 114, 126
I	132, 134, 136

Fußreflexzonen-Massage

Anfang des 20. Jahrhunderts entwarf der amerikanische Arzt Dr. Fitzgerald eine Zonenkarte für Füße, auf der die einzelnen Unterteilungen des gesamten menschlichen Körpers zu sehen waren. Die Methode stützt sich auf die These, dass sich auf der Fußsohle so genannte Reflexwege befinden, die zu anderen Organen im Körper führen. Der Therapeut reizt durch Daumendruck die

Reflexzonen, was sich in weiterer Folge auf die den Zonen entsprechenden Körperteile auswirkt. Ziel der Behandlung ist die Auflösung von Blockaden, die Wiederherstellung körperlich-geistigen Wohlbefindens und die Anregung der Selbstheilungskräfte.

D	26, 28, 30, 32, 34, 36, 38
CH	42, 44, 46, 48, 50, 52, 54, 56, 58, 60, 62, 64, 66, 68, 70, 72, 74, 76
A	80, 82, 84, 86, 88, 90, 92, 94, 96, 98, 100, 102, 104, 106, 108, 110, 112, 114, 116, 118, 120, 122, 124, 126
I	130, 132, 134, 136

Hydro-Therapie

Die Hydro-Therapie (griech. „hydro" bedeutet Wasser), auch Wasserbehandlung genannt, ist Bestandteil der fünf Säulen klassischer Naturheilverfahren (siehe Kneipp-Anwendungen). Die Methode nutzt die Trägereigenschaft des Wassers hinsichtlich Wärme und Kälte. Sie stärkt das Immunsystem, beugt Krankheiten vor und harmonisiert essenzielle Regelfunktionen des Körpers. Die bekannteste Hydro-Therapie ist die Kneipp-Kur, bei der mit den Füßen im kalten Wasser gewatet wird.

D	26, 28, 30, 32, 34, 36, 38
CH	42, 62, 64, 66, 72, 74
A	90, 100, 110, 120, 124, 126

Kinesiologie

Die Kinesiologie (griech. „kinein" = bewegen, „logos" = Lehre) geht davon aus, dass bestimmte Muskelgruppen durch Energiebahnen mit Organen verbunden sind. Störungen oder Blockaden auf der einen Seite machen sich daher auch auf der anderen Seite bemerkbar. Mit Hilfe von reflektorischen Muskeltests sollen die Blockaden aufgespürt und gelöst werden. Ziel der Anwendung ist es, Energien wieder zum Fließen zu bringen und das harmonische Zusammenspiel der Funktionen wiederherzustellen. Anwender der Kinesiologie gehen davon aus, dass anhand dieser Muskeltests Informationen, Substanzen (z. B. die schwächende oder stärkende Wirkung von Nahrungsmitteln), Emotionen etc. für jeden Menschen individuell ausgetestet werden können.

D	30
CH	44, 70
A	86, 114
I	134

Kneipp-Anwendungen

Die Kneipp-Therapie gehört mittlerweile zu den etabliertesten Behandlungsmethoden im deutschsprachigen Raum. Sie beruht auf fünf Säulen bzw. Wirkprinzipien: Hydro-Therapie (Wasser-Therapie), Ernährungs-Therapie, Bewegungs-Therapie, Ordnungs-Therapie (Psychohygiene und Erziehung zur Gesundheit) und Phyto-Therapie (Pflanzenheilkunde). Diese fünf Naturheilverfahren werden in der Kneipp-Therapie gleichzeitig angewendet. Dadurch kann die heilende Wirkung jedes einzelnen Verfahrens durch die Kombination mit den anderen wirksam verbessert werden. Neben dem systematischen Einsatz von Wasser, Luft, Licht, Bewegung, Entschlackung, Entspannung und einer gesunden Ernährung (Diät) hat die bewusste Lebensführung, die der bayerische Pfarrer Sebastian Kneipp (1821–1897) entwickelte, eine besondere Bedeutung.

D	28, 30, 36
CH	42, 50, 52, 62, 68, 70, 76
A	82, 86, 88, 90, 92, 94, 102, 112, 122
I	132, 136

Vorsorge

Moorbad/-packungen

Moore sind wassergesättigte Böden, die aus Torf bestehen. Eine Behandlung mit Moorerde ermöglicht eine intensive Erwärmung der Muskeln und Gelenke, da der mit heißem Wasser vermischte Torf seine Hitze nur sehr langsam abgibt. Die Durchblutung wird angeregt, und die Muskeln erleben eine Tiefenentspannung. Moorerde stärkt das Immunsystem und erhöht die Ausschüttung gesundheitsfördernder Hormone. Im kosmetischen Bereich helfen Moorpackungen aufgrund des niedrigen ph-Werts, den Säureschutzmantel der Haut wieder aufzubauen.

D	28, 30, 34, 38
CH	46, 50, 52, 62, 66, 68
A	82, 84, 92, 98, 100, 108, 116, 118, 122, 126
I	134, 136

Physio-Therapie

Die Physio-Therapie orientiert sich sowohl an den natürlichen chemischen und physikalischen Reizen der Umwelt (Kälte, Wärme, Strahlung etc.) als auch an der Physiologie des Menschen. Es werden sensomotorische Funktions- und Entwicklungsstörungen analysiert und interpretiert, um sie mit speziellen physiotherapeutischen Techniken zu beeinflussen. In der Physio-Therapie kommen unterschiedlichste Techniken wie zum Beispiel Massagen, Krankengymnastik, Wärme- und Kälte-Therapie, Rückenschule, Bewegungsbäder oder Atem-Therapie zum Einsatz. Das Ziel der Behandlung ist, die Selbständigkeit einer Person zu fördern und die Selbstheilungskräfte zu aktivieren.

D	26, 28, 30, 32, 34, 36, 38
CH	42, 44, 48, 50, 54, 58, 64, 66, 68, 72
A	82, 86, 92, 100, 114, 126
I	132, 136

Phyto-Therapie

In der Phyto-Therapie (Pflanzenheilkunde) werden pflanzliche Extrakte, ätherische Öle und Kräuterauszüge gegen Erkrankungen oder zur Vorbeugung eingesetzt. Die Behandlung mit Pflanzen und Kräutern ist eine der ältesten Heilmethoden der Menschheit. Es werden ausschließlich Pflanzen und deren Teile (Wurzeln, Blätter, Blüten), die auf unterschiedlichste Weise zubereitet werden können (Aufguss, Frischkraut, Auskochung, Pulverisierung), verwendet. Dabei werden die Heilpflanzen meist in Form von Tees, Kapseln, Tropfen, Salben oder Tinkturen verabreicht.

D	26, 28, 30, 38
CH	44, 46, 72, 74

Sauerstoff-Therapie

Die Therapie mit reinem Sauerstoff ist eine bewährte medizinische Behandlungsform, die bei unterschiedlichen Erkrankungen vorübergehend oder dauerhaft eingesetzt wird. Als Wellness-Anwendung soll sie dabei helfen, den Alterungsprozess hinauszuzögern. Die Sauerstoffzufuhr bewirkt, dass die Stoffwechselfunktion der Haut gesteigert wird, Elastizität und Spannkraft verbessert sowie die Zellteilung und -erneuerung angeregt werden. Die Sauerstoff-Therapie wurde vom deutschen Naturwissenschaftler Manfred von Ardenne (1907–1997) entwickelt.

D	26, 30, 32, 36
CH	42, 50, 58, 64
A	84
I	130

Solebad

Ein herkömmliches Salzbad enthält Koch- oder Steinsalz in Konzentrationen unter 1,5 Prozent. Im Solebad hingegen sind 6 bis 30 Prozent Kochsalz gelöst. Beim Solebad badet der Gast in dem mit Salz angereicherten Wasser. Diese Salzbäder lösen schädliche Stoffe aus der Haut und fördern die Durchblutung. Die Solegrotte ist eine Variante der Sauna mit einer sehr hohen Luftfeuchtigkeit (bis zu 100 Prozent) und einer Standardtemperatur von etwa 40 °C. In den meisten Solegrotten findet sich eine Vorrichtung, die bei Aktivierung fein zerstäubte Salzsole versprüht. Die Salzsole wirkt sich positiv auf die Atemwege aus und hilft, den Körper zu entschlacken.

D	34
CH	44, 50, 52, 62, 72
A	84, 88, 90, 92, 98, 104, 106, 114, 120, 126
I	130, 136

Tuina-Massage

Tuina ist als Massagetechnik Bestandteil der Traditionellen Chinesischen Medizin (TCM) mit dem Ziel, das Gleichgewicht von Yin und Yang wiederherzustellen. Sie ist eine Kombination aus Massage mit manueller Medizin und basiert wie die Akupunktur auf der Fünf-Elemente-Lehre, den Akupunkturpunkten und dem Meridiansystem. Mit bestimmten Handgriffen werden Körperteile bearbeitet und gedehnt. Dabei kommen verschiedene Massagetechniken entlang der Akupunkturpunkte und Meridiane zum Einsatz. Dadurch wird nicht nur eine energetisierende Wirkung erzielt, sondern es werden auch Köper, Geist und Psyche miteinander in Einklang gebracht. Blockaden, tiefsitzende Verspannungen und Schmerzen können so gelöst und Stress-Symptome reduziert werden.

D	30, 34
CH	46, 66
A	92, 96, 100, 114, 124

Verbände / Vereinigungen zum Thema Wellness

EUROPA

Europäischer Heilbäder Verband
AETC Secrétariat Général
B-1000 Bruxelles
1, Avenue de la Renaissance
Tel.: +32 (2) 7332661
Fax: +32 (2) 7330619
www.espa-ehv.com
espa-ehv@skynet.be

DEUTSCHLAND

Deutscher Wellness Verband e.V.
D-40219 Düsseldorf
Neusser Straße 35
Tel.: +49 (211) 1682090
Fax: +49 (211) 1682095
info@wellnessverband.de
www.wellnessverband.de

Wellness.de (Internetplattform)
D-36088 Hünfeld
Auf dem Hofberg 5
Tel.: +49 (6652) 911775
Fax: +49 (6652) 72635
werbung@wellness.de
www.wellness.de

Wellnessfinder e. K.
D-80068 München
Postfach 33 08 21
Tel.: +49 (89) 287006-20
Fax: +49 (89) 287006-27
info@wellnessfinder.com
www.wellnessfinder.com

SCHWEIZ

Verband Schweizer Heilbäder
CH-1400 Yverdon-les-Bains
Avenue des Bains 22
Tel.: +41 (24) 4201521
Fax: +41 (24) 4230252
info@heilbad.org
www.heilbad.org

Verband Wellness Trainer VWT
CH-3250 Lyss
Bahnhofstrasse 10
Tel.: +41 (32) 3873770
Fax: +41 (32) 3870069
info@vwt.ch
www.vwt.ch

I-Health Wellbeing
Solutions International
Beratung Schweiz: René Moor
CH-8640 Rapperswil
Glärnischstrasse 3
Tel.: +41 (55) 2112213
Fax: +41 (55) 2112214
Wellness.plus@bluewin.ch

Wohlbefinden Schweiz
CH-9200 Gossau
Sonnenbühlstrasse 3
Tel.: +41 (71) 3501414
Fax: +41 (71) 3501418
info@wohlbefinden.com
www.wohlbefinden.com

ÖSTERREICH

Alpine Wellness
International GmbH
c/o Tirol Werbung
Tel.: +43 (512) 5320-250
office@alpinewellness.com
www.alpinewellness.com

I-Health Wellness Solutions
A-6080 Igls bei Innsbruck
Badhausstraße 1
Tel.: +43 (512) 377481-22
Fax: +43 (512) 377481-23
office@i-health.ws
www.i-health.net

SÜDTIROL

Belvita Alpine Wellness Hotels
I-39040 Vahrn
Eisackstraße 1
Tel.: +39 (0473) 499499
Fax: +39 (0473) 499498
wellnesshotels@belvita.it
www.belvita.it

GRAND HOTEL
WIEN

Das legendäre Grand Hotel Wien auf der Wiener Ringstrasse ist berühmt für seine Eleganz, höchsten Komfort und herausragende Kulinarik. Ursprünglich wurde das Haus 1860 als erstes Grand Hotel Europas erbaut. Heute zählt es zu den modernsten Häusern und zu den "Leading Hotels of the World".

Das Grand Hotel Wien verfügt über 205 großzügig angelegte Zimmer und Suiten, alle luxuriös gestaltet und geschmackvoll eingerichtet.

Die 2 Gourmet-Restaurants im 7. Stock mit Dachterrasse und Blick über die Dächer der Wiener Innenstadt sind ebenso einen Besuch wert wie das Wiener Café-Restaurant im 1. Stock und die 2 Bars mit Schanigarten direkt auf der Wiener Ringstraße!

Kärntner Ring 9, A-1010 Wien
Tel: +43-1-515 80-0, Fax: +43-1-515 13 12
e-mail: info@grandhotelwien.com, www.grandhotelwien.com

member of JJW Hotels & Resorts   *A member of* **The Leading Hotels of the World®**

Weitere Wellbeing-Hotels

Wellness-Hotels, die sich nicht am „Carpe Diem Wellbeing Award 2006" beteiligten, die jedoch aufgrund ihres Anspruchs in unsere Recherchen einbezogen wurden.

DEUTSCHLAND

BADEN WÜRTTEMBERG
Baden-Baden	**Dorint Sofitel Maison Messmer**	T: +49 (7221) 30120, F: +49 (7221) 3012100, www.dorint.com
Baden-Baden	**Steigenberger E. Hof**	T: +49 (7221) 9330, F: +49 (7221) 28831 www.europaeischer-hof.steigenberger.de

BAYERN
Murnau	**Hotel Alpenhof Murnau**	T: +49 (8841) 491-0, F: +49 (8841) 491-100, www.alpenhof-murnau.com
Oberstaufen	**Hotel Allgäu Sonne**	T: +49 (8386) 7020, F: +49 (8386) 7826, www.allgaeu-sonne.de
Ofterschwang	**Sonnenalp Hotel & Resort**	T: +49 (8321) 272-0, F: +49 (8321) 272-242, www.sonnenalp.de

SCHWEIZ

BERN
Grindelwald	**Grand Regina Alpin Wellfit**	T: +41 (33) 8548600, F: +41 (33) 8548688, www.grandregina.ch

GENF
Genf-Bellevue	**La Réserve Hotel & Spa**	T: +41 (22) 9595959, F: +41 (22) 9595960, www.lareserve.ch

GRAUBÜNDEN
Klosters	**Hotel Vereina**	T: +41 (81) 4102727, F: +41 (81) 4102728, www.vereinahotel.ch
St. Moritz	**Kempinski G. H. des Bains**	T: +41 (81) 8383838, F: +41 (81) 8383000, www.kempinski-stmoritz.ch
St. Moritz	**Suvretta House**	T: +41 (81) 8363636, F: +41 (81) 8363737, www.suvrettahouse.ch

SCHWYZ
Feusisberg	**Panorama Resort & Spa**	T: +41 (44) 7860000, F: +41 (44) 7860099, www.panoramaresort.ch

TESSIN
Ascona	**Albergo Giardino**	T: +41 (91) 7858888, F: +41 (91) 7858899, www.giardino.ch
Serpiano	**Hotel Serpiano**	T: +41 (91) 9862000, F: +41 (91) 9862020, www.serpiano.ch

WAADT
Lausanne	**Hotel Lausanne-Palace**	T: +41 (21) 3313131, F: +41 (21) 3232571, www.lausanne-palace.ch

WALLIS
Leukerbad	**Les Sources des Alpes**	T: +41 (27) 4722000, F: +41 (27) 4722001, www.relaischateaux.com/sources

ÖSTERREICH

BURGENLAND
Bad Tatzmannsdorf	**Kur- & Thermenhotel**	T: +43 (3353) 8940-7160, F: +43 (3353) 8940-7199, www.kuren.at

KÄRNTEN
Bad Kleinkirchheim	**Thermenhotel Ronacher**	T: +43 (4240) 282, F: +43 (4240) 282-606, www.ronacher.com
Turracher Höhe	**Hotel Hochschober**	T: +43 (4275) 8213, F: +43 (4275) 8368, www.hochschober.at

NIEDERÖSTERREICH
Baden bei Wien	**Grand Hotel Sauerhof**	T: +43 (2252) 41251-0, F: +43 (2252) 43626, www.sauerhof.at
Gars am Kamp	**Willi Dungl Gesundheitshaus**	T: +43 (2985) 2666-0, F: +43 (2985) 2666-745, www.willidungl.com

SALZBURG
Bad Hofgastein	**Grand Park Hotel**	T: +43 (6432) 63560, F: +43 (6432) 8454, www.grandparkhotel.at
Leogang	**Hotel Krallerhof**	T: +43 (6583) 8246-0, F: +43 (6583) 8246-85, www.krallerhof.com
Puch bei Salzburg	**Kurhotel Vollererhof**	T: +43 (6245) 8991, F: +43 (6245) 899166, www.vollererhof.at
Saalbach	**Wellnesshotel Kendler**	T: +43 (6541) 6225, F: +43 (6541) 6335, www.kendler.com
St. Michael / Lungau	**Wellnesshotel Eggerwirt**	T: +43 (6477) 82240, F: +43 (6477) 822455, www.eggerwirt.com
Zell am See	**Hotel Salzburgerhof**	T: +43 (6542) 765, F: +43 (6542) 765-66, www.salzburgerhof.at

ÖSTERREICH (Fortsetzung)
STEIERMARK

	Bad Blumau	**Rogner Bad Blumau** T: +43 (3383) 5100-0, F: +43 (3383) 5100-808, www.blumau.com
	Bad Radkersburg	**Kurhotel im Park** T: +43 (3476) 2571-0, F: +43 (3476) 2085-45, www.kurhotel-im-park.at
	Bad Waltersdorf	**Hotel & Spa Der Steirerhof** T: +43 (3333) 32110, F: +43 (3333) 3211444, www.dersteirerhof.at
	Irdning-Ennstal	**Hotel Schloss Pichlarn** T: +43 (3682) 22841-0, F: +43 (3682) 22841-6, www.pichlarn.at
	Pichl/Schladming	**Hotel Pichlmayrgut** T: +43 (6454) 7305, F: +43 (6454) 730550, www.pichlmayrgut.at

TIROL

	Achenkirch	**Posthotel Achenkirch** T: +43 (5246) 6522, F: +43 (5246) 6522468, www.posthotel.at
	Ehrwald	**Wellnesshotel Tirolerhof** T: +43 (5673) 2308, F: +43 (5673) 2308-44, www.hotel-tirolerhof.at
	Finkenberg	**Sport- & Wellnesshotel Stock** T: +43 (5285) 6775, F: +43 (5285) 6775-421, www.sporthotel-stock.com
	Going	**Biohotel Stanglwirt** T: +43 (5358) 2000, F: +43 (5358) 2000-31, www.stanglwirt.com
	Häselgehr/Lechtal	**Landgut Luxnachmühle** T: +43 (5634) 6100-0, F: +43 (5634) 6100-7, www.luxnachmuehle.at
	Igls	**Parkhotel Igls F. X. Mayr Zentrum** T: +43 (512) 377305, F: +43 (512) 379225, www.fxm.at
	Kitzbühel	**Sport-Wellnesshotel Bichlhof** T: +43 (5356) 64022, F: +43 (5356) 63634, www.bichlhof.at
	Längenfeld	**Aqua Dome Tirol Therme Längenfeld** T: +43 (5253) 6400, F: +43 (5253) 65188, www.aqua-dome.at
	Lans	**Lanserhof** T: +43 (512) 386660, F: +43 (512) 378282, www.lanserhof.at
	Leutasch	**Hotel Quellenhof** T: +43 (5214) 67820, F: +43 (5214) 6369, www.quellenhof.at
	Mieming	**Alpenresort Schwarz** T: +43 (5264) 5212-0, F: +43 (5264) 5212-7, www.schwarz.at
	Neustift/Stubaital	**Jagdhof Spa-Hotel** T: +43 (5226) 2666, F: +43 (5226) 2666503, www.hotel-jagdhof.at
	Reith bei Seefeld	**Dorint Vital Royal Resort** T: +43 (5212) 44310, F: +43 (5212) 4431450, www.dorint.com/seefeld
	St. Jakob / Defereggen	**Jesacherhof Sporthotel** T: +43 (4873) 5333, F: +43 (4873) 5333-88, www.jesacherhof.at
	Seefeld	**Astoria Relax & Spa-Hotel** T: +43 (5212) 2272-0, F: +43 (5212) 2272-100, www.astoria-seefeld.com
	Telfs-Buchen	**Interalpen-Hotel Tyrol** T: +43 (5262) 606-0, F: +43 (5262) 606-190, www.interalpen.com
	Zell im Zillertal	**Theresa Sport- & Wellnesshotel** T: +43 (5282) 22860, F: +43 (5282) 4235, www.theresa.at

VORARLBERG

	Dornbirn	**Rickatschwende** T: +43 (5572) 25350-0, F: +43 (5572) 25350-70, www.rickatschwende.com
	Lech am Arlberg	**Burg Vital Hotel** T: +43 (5583) 3140, F: +43 (5583) 3140-16, www.burgvitalhotel.com
	Warth am Arlberg	**Hotel Warther Hof** T: +43 (5583) 3504, F: +43 (5583) 4200, www.wartherhof.com

SÜDTIROL
BOZEN

	Dorf Tirol	**Hotel Erika** T: +39 (0473) 926-111, F: +39 (0473) 926-100, www.erika.it
	Marling	**Genießer Sporthotel Nörder** T: +39 (0473) 447000, F: +39 (0473) 447370, www.noerder.it
	Meran	**Belvita Hotel Adria** T: +39 (0473) 236610, F: +39 (0473) 236687, www.hotel-adria.com
	Meran	**Park Hotel Mignon** T: +39 (0473) 230353 F: +39 (0473) 230644, www.hotelmignon.com
	St. Kassian	**Rosa Alpina** T: +39 (0471) 849500, F: +39 (0471) 849537, www.rosalpina.it
	St. Ulrich / Gröden	**Spa & Sport Resort Adler** T: +39 (0471) 775000, F: +39 (0471) 775555, www.hotel-adler.com
	St. Vigil / Enneberg	**Wellnesshotel Almhof Call** T: +39 (0474) 501043, F: +39 (0474) 501569, www.almhof-call.com
	Wolkenstein	**Alpenroyal Sporthotel** T: +39 (0471) 795455, F: +39 (0471) 794161, www.alpenroyal.com

---

Bei der Zusammenstellung dieses Wellbeing Guide ließen wir größtmögliche Sorgfalt walten, trotzdem können Daten falsch oder überholt sein. Eine Haftung können wir auf keinen Fall übernehmen.

Übersichtstabelle Wellbeing-Anwendungen

	HOTEL	ORT	SEITE
DEUTSCHLAND	Brenner's Park-Hotel & SPA [1]	Baden-Baden	26
	Sport & SPA Resort A-ROSA Scharmützelsee	Bad Saarow	28
	BollAnt's im Park	Bad Sobernheim	30
	InterContinental Resort Berchtesgaden	Berchtesgaden	32
	Parkhotel Burgmühle	Fischen im Allgäu	34
	Grand SPA Resort A-ROSA Travemünde	Lübeck-Travemünde	36
	Seehotel Überfahrt Tegernsee	Rottach-Egern	38
SCHWEIZ	Grand Hotel Hof Ragaz	Bad Ragaz	42
	Hotel Adula	Flims-Waldhaus	44
	Park Hotel Waldhaus	Flims-Waldhaus	46
	Hotel Paradies [2]	Ftan	48
	Grand Hotel Bellevue [2]	Gstaad	50
	Wellness & SPA Hotel Ermitage-Golf	Gstaad-Schönried	52
	Victoria-Jungfrau Grand Hotel & Spa [1]	Interlaken	54
	Beau-Rivage Palace [1]	Lausanne	56
	Lenkerhof Alpine Resort	Lenk	58
	Palace Luzern [1]	Luzern	60
	Wellness & Spa Hotel Beatus	Merligen/Thunersee	62
	Le Mirador Kempinski [1]	Mont-Pèlerin	64
	Raffles Le Montreux Palace [1]	Montreux	66
	Ferienart Resort & Spa	Saas-Fee	68
	Wellness Hotel Chasa Montana	Samnaun	70
	Kulm Hotel [1]	St. Moritz	72
	Park Hotel Vitznau	Vitznau	74
	Park Hotel Weggis [2]	Weggis	76
ÖSTERREICH	Hotel Schloss Weikersdorf	Baden bei Wien	80
	Hoteldorf Grüner Baum	Bad Gastein	82
	Hotel Gmachl	Bergheim	84
	Hotel Kaiserhof	Ellmau	86
	Ebner's Waldhof am See	Fuschl am See	88
	Alpen Hotel Speckbacher Hof	Gnadenwald	90
	Hotel ...liebes Rot-Flüh [3]	Haldensee	92
	ArabellaSheraton Hotel Jagdhof	Hof bei Salzburg	94
	Hotel Schloss Fuschl	Hof bei Salzburg	96
	Hotel Elisabeth	Kirchberg in Tirol	98
	Grand SPA Resort A-ROSA Kitzbühel	Kitzbühel	100
	Hotel Schwarzer Adler	Kitzbühel	102
	Wellness Residenz Alpenrose	Maurach	104
	Sporthotel Neustift	Neustift im Stubaital	106
	VILA VITA Hotel und Feriendorf Pannonia	Pamhagen	108
	Hotel Schloss Seefels [2]	Pörtschach/Wörthersee	110
	Parkhotel Pörtschach	Pörtschach/Wörthersee	112
	Gartenhotel Theresia	Saalbach-Hinterglemm	114
	Hotel Kobenzl	Salzburg	116
	Romantikhotel Im Weissen Rössl	St. Wolfgang / Salzkammergut	118
	Genießerhotel Löwen	Schruns	120
	Central Spa Hotel	Sölden	122
	Balance Resort Stegersbach	Stegersbach	124
	Hotel Warmbaderhof	Warmbad-Villach	126
SÜDTIROL	Hotel Castel	Dorf Tirol	130
	Hotel Quelle	Gsieser Tal	132
	Hotel Castel Fragsburg [2]	Meran	134
	Sport & Wellness Resort Quellenhof	St. Martin bei Meran	136